Ellwanger/Grömminger
Das Puppenspiel

Wolfram Ellwanger
Arnold Grömminger

Das Puppenspiel

*Psychologische Bedeutung
und pädagogische Anwendung*

Herder Freiburg · Basel · Wien

Illustrationen: Alfred Kutschera
Textfotos: Die Autoren S. 18 und 29; Roland Görger S. 111;
Hartmut W. Schmidt S. 92, 106 und 136;
Manfred Waldschütz S. 11, 56, 72, 97 und 145
Einbandfoto: Arnold Grömminger

Die ursprünglichste Kunst, der Anfang aller Künste, ist Puppenspiel. Schon die kleinsten Kinder wissen sich Puppen zu verschaffen, denen sie ihre Seele einhauchen ... Das Puppenspiel ist ein Bild der Urschöpfung; der Mensch formt Gebilde aus Erde und Holz und haucht ihnen dann seine lebendige Seele ein, daß sie mit ihm, zu ihm sprechen können, daß sie ihn verstehen; es ist im Allerkleinsten das Bild des Schöpfungsvorganges in seiner Paradiesesunschuld, von aller Erkenntnis von Gut und Böse, von Schön und Häßlich. Aus der Kindlichkeit des Schaffenstriebes ist das Puppenspiel erwachsen, und die Seelenkraft der Phantasie herrscht in ihm – die Kinder aller Völker verstehen und lieben es ...

Die Puppenbühne in ihrem kleinen Spiel, in ihrer Beschränktheit kann alle Ereignisse zu einem Lebensbilde, zu einem Drama gestalten – sie vermag alle Freude, alle Kasperlenarrheit, allen Witz und Humor, der im Volke lebt, zu umfassen; sie bannt aber auch alles Grausen, alles Unheimliche, das wir in den Abgründen des Daseins ahnen, das wir die Macht des Bösen nennen.

Hans Thoma in einem Brief an Ivo Puhonny
Karlsruhe, im Juni 1920

Inhalt

Einleitung:
Das Puppenspiel in der Erziehung

Das Puppenspiel kommt in östlichen und westlichen Kulturen schon seit Jahrhunderten vor. Es steht in engem Zusammenhang mit Mythos und Märchen und hat seinen Ursprung im Umfeld von Mysterienspiel und magisch-rituellem Brauchtum. In der Entwicklung des Kindes findet sich das Puppenspiel erstmals beim Entstehen der sogenannten Symbolspiele, die auch unter dem Namen Rollenspiel, Fiktions- oder Illusionsspiel beschrieben werden.

Das Symbolspiel entsteht – wie alles Spielen – aus Spielfreude, und es schafft Spielfreude. Aber es hat oftmals auch kathartische Bedeutung: Das Kind stellt in einer teils bewußten, teils unbewußten „Als-ob-Situation" eigene Wünsche, Ängste und Konflikte, aber auch ihre Erfüllung oder Lösung dar. Spielt das Kind nicht selbst mit Puppen, sondern nimmt als Zuschauer an einem Puppenspiel teil, projiziert es seine Gefühle und Vorstellungen auf die Figuren und in das Geschehen der Spielhandlung, die ihm vorgeführt wird. Dies eröffnet dem Erzieher eine Fülle von Möglichkeiten, das Puppenspiel als pädagogisches Hilfsmittel zu verwenden. Die Puppe als „Spielpartner" des Kindes wird zum Bild unbewußter, oft konflikthafter Strebungen und Zustände, und die Spielhandlung – als spontanes, ungeplantes Umgehen mit der Puppe oder als bewußte Gestaltung einer Spielszene – wird zum äußeren Abbild eines inneren Geschehens. Dabei läßt sich häufig die symbolische Bedeutung der Figuren in ähnlicher Weise entschlüsseln wie diejenige von Märchen- oder Traumgestalten. Wir finden die mit positiven und die mit negativen Gefühlen und Vorstellungen besetzten Figuren, wie auch die ambivalenten, auf die das Kind Klugheit, Hoffnung, gute Absicht und moralischen Anspruch oder Dummheit, Angst, schlechtes Gewissen und Schuldgefühl projizieren kann. Beispiel einer solchen ambivalenten Figur ist der

9

Kasper, eine dem Mythos vom göttlichen Schelm verwandte Gestalt und für kindliche Projektion nach den verschiedenen Richtungen offen.

Die Spielmöglichkeiten, die sich aus diesen Eigentümlichkeiten der Puppe ergeben, sind vielfältig: Spiele, in denen das Kind selbst erfindet oder nachvollziehend spielt, Spiele, in die das Kind als Zuschauer aktiv eingreift, deren Fortgang es durch eigene Zuschauerinitiative beeinflussen kann, Spiele, die Forderungen an Phantasie und Einfallsreichtum stellen und die – in welcher Art auch immer sie formal gestaltet sein mögen – über die Freude am Spiel hinaus auch zur Lösung von Problemen anregen oder zwingen. Im weitesten Sinne ist Puppenspiel eine für die Entwicklung des Kindes sinnvolle Form spielerischer Daseinsbewältigung. Es ist ein „Probehandeln" in der Als-ob-Situation und – hier wird seine Beziehung zum Theater deutlich – eine vielen Kulturen gemeinsame seelische „Technik" zur Erhaltung oder Wiederherstellung des Gleichgewichts zwischen Ich und Welt.

Die Pflege des Puppenspiels in der Erziehung in Elternhaus, Kindergarten, Hort und Schule dient der Erschließung kindlicher Fähigkeiten im Denken, Sprechen und Handeln, im schöpferischen Bewältigen von Konflikten und dem Aufbau einer eigenen Welt des Kindes.

Das Buch wendet sich an erzieherisch interessierte Leser. Es will Wege zeigen, wie man das Spiel mit Puppen fördern kann. Es zeigt die Techniken des zufälligen und geplanten Spiels und erörtert kinderpsychologische, didaktische, methodische, aber auch künstlerische und dramaturgische Gesichtspunkte. Zugleich will es Verständnis wecken für die den verschiedenen Puppenspielen innewohnenden Kräfte und ihre Auswirkungen auf das kindliche Erleben und Denken. Es ist ein Buch für die erzieherische Praxis.

I. Ursprünge des Puppenspiels

Das Puppenspiel hat seinen Ursprung in der Frühzeit der Kulturgeschichte. Es gehört in den Bereich des magisch-religiösen Götterkultes, der Beschwörung von Glück und Leid, von Liebe, Fruchtbarkeit, Geburt und Tod und kommt in dieser Bedeutung bei vielen Völkern der Erde vor.

So dient seit Jahrhunderten das javanische Wayang-Spiel mit seinen flachen, farbig bemalten Figuren aus perforiertem Leder der magischen Abwehr von Unheil. Wayang heißt Schatten, und die Schatten des Spiels sind die Geister der Ahnen, die

– vom Spieler beschworen – mit ihrer Anwesenheit die Menschen beschützen. Wayang-Spiele dauern vom Abend bis zum nächsten Morgen, und wer Zuschauer und Zuhörer ist, bleibt die ganze Nacht von bösen Einflüssen und Wirkungen verschont. Deshalb wird das Wayang-Spiel auch vorzugsweise bei wichtigen Ereignissen des menschlichen Lebenslaufs gespielt: bei Geburten, Geburtstagen, Hochzeiten und bei der feierlichen Verleihung von Würden und Ehren [1].

Auch die Griechen spielten schon in der Antike kultische Spiele mit Marionetten aus Ton, Holz, Wachs, Elfenbein, Bronze oder Silber. Herodot, Plato und Aristoteles beschreiben Figuren, deren Glieder mit Fäden bewegt werden. Sehr zum Mißfallen der Stoiker zeigten in Athen die Marionettenspieler ihre Künste sogar im öffentlichen Theater, und es gab einen kleinen Skandal, als man dem Puppenspieler Potheinos erlaubte, im Dionysostheater aufzutreten, wo auch die Tragödien des Euripides gespielt wurden [2/3].

Von Griechenland aus kam die Kultur des Puppenspiels nach Rom – Hinweise finden sich bei Horaz, Petronius und Mark Aurel –, wo Marionetten nicht nur in Komödien auftraten, sondern unter dem Namen Mandukus, d. h. Kinderfresser, auch in anderen öffentlichen Spielen verwendet wurden. „Diese groteske Figur, welche eigentlich ein Schreckbild der Kinder sein wollte und erwachsenen Leuten zum Gelächter diente, hatte dicke ... Backen, bewegliche, schielende, rothe Augen, einen weit offenstehenden Mund, große spitze Zähne, mit denen sie schrecklich knirschte, und eine blasse Todtenfarbe; sie diente auch bei Aufzügen den Pöbel auseinanderzutreiben." [4]

Solche grotesken, häufig dem Bereich von Mythos, Sage und Legende entstammenden Figuren, finden sich im weiteren Umkreis des Puppenspiels bei vielen Völkern der alten und neuen Zeit, und sie sind dem holländischen Bitebau, dem französischen Barbuaud, der wilden Berta in Süddeutschland, dem sächsischen Ruprecht und dem schlesischen Popelmann verwandt, die allerdings z. T. auch in Fleisch und Blut auftreten [5].

Nach Mitteleuropa ist das Puppenspiel über Italien, vielleicht auch über Spanien gekommen. Im Hortus deliciarum der Äbtissin Herrad von Landsperg sind 1170 unter dem Namen Ludus

12

monstrorum Puppen abgebildet, die mit Schnüren in der Horizontalen bewegt werden[6/7]. Ebeling meint, daß es Puppenspiele in Deutschland schon seit „grauer Vorzeit" gebe. „Sie versinnlichten nämlich in der heidnischen Zeit die Hausgötter, und selbst in der christlichen Zeit fuhr man noch lange fort, auf den Kamin allerlei in Holz geschnitzte Puppen zu stellen, theils wie die alten Hausgötzen, Zwerge und Däumlinge gestaltet, theils aus dem christlichen Leben hergenommen ... Zwei Namen hat man für diese Figürchen: Kobold und Tatermann, und mit beiden Namen finden wir die Puppen genannt, die beim wirklichen Puppenspiel an Drähten gezogen werden."[8] Ebeling erinnert an dieser Stelle auch an den Minnesänger Hugo von Trimberg, der erzählt, „daß die herumziehenden Gaukler und Jongleurs des 13. Jahrhunderts dergleichen Figuren bei sich hatten, und wenn sie ihre Künste zeigten, zogen sie dieselben unter dem Mantel hervor und ließen sie Grimassen machen, um Lachen zu erregen".[9] Ihre Stoffe entnahmen die damaligen Puppenspieler den mittelalterlichen Sagen und Legenden. Ebeling hält es für wahrscheinlich, daß schon bei den ältesten derartigen Stücken eine lustige Person auftrat, ein Vorläufer des späteren Hanswurst, der in geistlichen und weltlichen Spielen seine feste und notwendige Funktion hatte.

Handgreiflichere Hinweise auf Puppenspiel und Puppenspieler findet man im 16. Jahrhundert in den Ratsprotokollen der Städte, wo die Namen der fahrenden Schauspieler, die um Genehmigung einer Aufführung in der Stadt ersuchten, aufgezeichnet sind[10].

Das 18. und 19. Jahrhundert wird vielfach als eigentliche Blütezeit des Puppenspiels bezeichnet[11]; dennoch fällt in die zweite Hälfte des 18. Jahrhunderts auch eine Gegenbewegung, die zur Unterdrückung und Diskriminierung des Puppenspielergewerbes führte. Man warf ihm vor, es verbreite Zoten und Possen und übe einen schlechten Einfluß aus, weil es „selbst in den Gegenden, wo es von guten Fürsten und Obrigkeiten nicht gebilligt wird, dennoch oft im Finstern umherschleicht und abergläubische Meinungen sowohl, als Untugenden unter den Menschen verbreitet"[12]. Weil ihnen die Konzession entzogen wurde, gerieten viele Puppenspieler in Not und wurden straffäl-

13

lig, was in manchen Gegenden Süddeutschlands zum völligen Verbot des gewerblichen Puppenspiels führte.

Während der Romantik mit ihrer Wiederentdeckung des Mittelalters und seinen Sagen, mit der Hinwendung zu Märchen und Volkslied erfuhr auch das Puppenspiel neue Belebung und Anerkennung, und Jacob Grimm verlangte 1815 nach dem „Puppenspiel von altem Schrot mit Hanswurst und Teufel"[13].

Dieses Puppenspiel mit Hanswurst und Teufel, das auf den Theaterzetteln im 19. Jahrhundert häufig auch als Theaterstück mit „Gesang, Tanz und Schlägerei" angepriesen wurde, war in erster Linie „Volkstheater", wurde vorwiegend von gesellschaftlich nicht sehr hochgeachteten Wanderbühnen gepflegt und entwickelte sich im Lauf des 19. Jahrhunderts mehr und mehr zu einem „Kindertheater".

Als Kindertheater erfuhr es unter dem Einfluß der Reformpädagogik im 20. Jahrhundert neuerliche Beachtung. Die Vertreter der einzelnen reformpädagogischen Schulen, vorwiegend im Bereich der Kunsterziehungsbewegung und der „Pädagogik vom Kinde aus", sahen im Puppenspiel eine „kindgemäße" Ausdrucksform und versuchten, es für die Förderung der geistigseelischen Entwicklung des Kindes nutzbar zu machen. Im Raum der Schule waren es vor allem die Fächer Deutsch und Kunsterziehung, die sich um Verwendung und Herstellung von Puppen und Puppenbühnen bemühten, aber auch in anderen Fächern wie Mathematik oder Biologie bediente man sich des Puppenspiels zur Förderung schulischen Lernens, ebenso in Hygiene oder Verkehrserziehung, wo es heute noch als „Verkehrskasperle" anzutreffen ist.

Auf diesem Wege fand das Puppenspiel auch in die Pädagogischen Akademien Eingang. Im Werkunterricht, von dem besonders starke Impulse ausgingen, kam es zu vielerlei Entwürfen neuer „kindgemäßer" Puppen wie auch zu praktischen Anleitungen für Bühnenbau, Kulissen, Beleuchtung und Requisiten. Im Rahmen von „Vorhaben" und „Projekten" stellten Kinder in der Schule selbst Puppen her und veranstalteten Theateraufführungen.

Auf der Tagung des Bundes für deutsche Puppenspieler 1931 in Eisenach betonte Friedrich Löwenhaupt, „daß das Spielen mit Puppen, das nichts anderes als die Weiterentwicklung der spielenden Beschäftigung der Kleinen mit leblosen Gegenständen ist, in hervorragendem Maße sich eignet, die kindliche Seele zu erschließen und den Jugendlichen zu produktiver Leistung anzuspornen" [14]. Nachdrücklich regte er die Verwendung des Puppenspiels im Unterricht an und meinte: „Sollten solche Vorführungen, die stets auf Jahrmärkten und Messen die Kinder in helle Begeisterung versetzen, nicht wirkungsvolle Momente enthalten, um auch verschlossene und scheue Kinder zur tätigen Mitarbeit zu veranlassen und sie von Hemmungen zu befreien?" [15] Hier klingt ein therapeutisches oder heilpädagogisches Moment des Puppenspiels mit an, das vor allem von der Psychoanalyse und den psychoanalytisch orientierten Pädagogen aufgegriffen wurde, die das spielende Umgehen mit Puppen zu einer Technik psychoanalytischer Diagnostik und Heilerziehung entwickelten.

Zur gleichen Zeit bediente sich in Rußland die sowjetische Pädagogik des Puppenspiels zur Erziehung im Sinne ihrer neuen Staatsideen.

Von der revolutionären Arbeitertheaterbewegung angeregt, entwickelten sich auch in Deutschland bis 1933 Ansätze eines proletarischen Puppentheaters, in welchem das Handpuppenspiel als ein besonders geeignetes Mittel zur Verständigung zwischen Kindern und Erwachsenen angesehen wurde [16].

Zu den kulturpolitischen Aufgaben des Puppentheaters während der Zeit des Nationalsozialismus gehörte die „völkische Erneuerung des deutschen Theaters ... eine Regeneration des Theaterpublikums" [17] vom Kinde her, die Erstellung von Versuchsbühnen und die Verwendung von Sagen und Märchen als Quellen zur „Schaffung einwandfreien Spielgutes" [18].

Nach dem Zweiten Weltkrieg knüpfte das Puppenspiel im Bereich der Pädagogik an den Erfahrungen und Schöpfungen der Reformpädagogik an, ohne zunächst zu neuen künstlerischen oder pädagogischen Konzeptionen zu kommen. Auch die Entwicklung einer eigenen Didaktik des Puppenspiels im Unterricht blieb aus, und hier waren auch keine Anknüpfungen möglich, denn zur Zeit der Reformpädagogik war zwar – um es mit einem Wort Kilpatricks zu sagen – „aus vollem Herzen" geschaffen und gespielt worden, aber die damaligen Erfahrungen hatten sich nicht in einer didaktischen Theorie niedergeschlagen. Man mag das einerseits begrüßen; denn so wurde eine dürre Verschulmeisterung des schöpferischen Puppenspiels verhindert, andererseits aber blieben mangels theoretischer Grundlagen manche Versuche mit dem Puppenspiel im Unterricht richtungs- und orientierungslos. Theoretischen Nutzen aus dem Umgang mit dem Puppenspiel zogen am ehesten Psychoanalyse und Heilpädagogik, wenn auch eher unter persönlichkeitsdiagnostischen und therapeutischen Gesichtspunkten als aus lernpsychologischen oder didaktischen Absichten.

Neue Elemente in die Entwicklung des pädagogisch orientierten Puppenspiels brachte das Fernsehen mit seinen Sendungen für Vor- und Grundschulkinder. Die Fernsehpuppen Ernie und Bert aus der Sendereihe Sesamstraße z. B. unterscheiden sich von den Figuren des traditionellen Puppen- oder Kasperlespiels vor allem dadurch, daß sie weniger Züge mythologischer oder symbolischer Gestalten tragen, daß sie weniger magische Haltungen verkörpern und daß sie eher auf komische Wirkung hin konzipiert sind. Sie spielen kein magisches Welt- und Zaubertheater; sie verbleiben in ihrer jeweils konkreten Situation, in die sie ohne Vorbereitung hineingeraten – (damit sind sie dem Kasper noch verwandt) –, geben zwar auch zu denken und machen stutzig, handeln in hohem Maße didaktisch und zielgerecht, aber es geht ihnen kaum – wie etwa dem Kasper – um die freiwillige oder unfreiwillige Auseinandersetzung mit einer übergreifenden Ordnung und ihren Widersachern, die sich in den verschiedenen magisch-symbolischen Figuren des Puppentheaters manifestieren.

Zum gegenwärtigen Zeitpunkt lassen sich – vereinfacht gesehen – zwei große Kreise des Puppenspiels in Deutschland unterscheiden: einmal die wachsende Zahl der Einzelspieler und Spielgruppen, welche die verschiedenen Arten von Puppenspielen (zum Teil gewerblich) unter dem Aspekt der künstlerischen Darstellung pflegen und sich dabei sowohl an traditionellen Formen orientieren, als auch eigene, völlig neue Wege beschreiten, die das Puppenspiel weit aus dem Bereich „bloßen" Kindertheaters hinausführen. Zum andern sind es Psychotherapeuten und Pädagogen, die sich des Puppenspiels – als Methode seelischer Heilung oder unterrichtlicher Unterweisung – bedienen und dabei die Kinder auch in hohem Maße zum Selbst-Spielen anregen, sei es aus therapeutischen Gründen, sei es auch, weil sie im Puppenspiel – und ganz besonders im Spiel mit der Handpuppe – eine pädagogisch besonders geeignete Form des kreativen, für die Entwicklung und Erziehung des Kindes wertvollen sozialen Rollenspiels erkannt haben. In ähnlichem Sinne verwenden auch Massenmedien wie Kinder- und Schulfernsehen Puppen als „Spiel- und Lernpartner" des Kindes.

II. Arten von Spielpuppen

1. Die Handpuppe

„Das Handpuppenspiel stellt die einfachste Form des Puppenspiels dar, obwohl nicht wenig Geschick, Kraftaufwand und
psychologisches Einfühlungsvermögen dazu gehören, die lediglich aus Kopf, Kleiderhülle und kurzen Ärmchen bestehende Figur in ein lebendiges, vehement agierendes Wesen zu verwandeln und ihr zugleich einen genau typisierten, unverwechselba-
ren Charakter zu geben."[19]

Auf der Bühne ist meist nur der obere Teil ihres Körpers sichtbar, und nur manche Figuren – häufig der Kasper – haben Beine, die sie über die Spielleiste schwingen und sich selbst in einer Art „Damenreitsitz" oder mit bis zum Kinn angezogenen Knien auf die Rampe setzen können. Ihre Bewegung hat etwas Schwebendes an sich; sie gleicht der Bewegung im Traum und kann sich völlig lautlos vollziehen. Gleichzeitig ist sie nicht an die Horizontale gebunden: sie kann auf- und niedertauchen, ins Wasser fallen, zur Hölle fahren, aber auch wie auf einer unsichtbaren Treppe hinter der Bühne in menschlich anmutendem Gang auf- und abwärts steigen. Sie besitzt auch hierin die Freiheit der Traumbewegung, wenn auch nicht so unbeschränkt aufwärts wie die flugfähige Marionette, so doch nach unten in die Tiefe, welche wiederum der Marionette verschlossen bleibt. Die Handpuppe steht so raumsymbolisch dem Bereich des Unbewußten näher als die Marionette, welche – wiederum raumsymbolisch gesehen – stärker dem Bewußtsein mit seinen rationalen Funktionen zugewandt ist. Darum sind beispielsweise Handpuppenteufel als derb-dumme oder unheimlichzaubermächtige Widersacher des Kasper meist in ihrer Wirkung stärker und überzeugender als Marionettenteufel, die, um ihre spezifische raumsymbolische Aussagekraft zu erzielen, der intellektuellen und anthropomorphen Züge des Mephistopheles bedürfen.

Die große Wirkung der Handpuppe auf den Zuschauer liegt in der Unmittelbarkeit, mit der sich die psychischen Bewegungen des Spielers auf die Bewegung der Hand und somit der Puppe übertragen. „Dank der beinahe völligen Identität von Hand und Puppe wird eine sehr eindringliche, im wahrsten Sinn des Wortes zupackende Wirkung erzielt."[20]

Unmittelbare Reaktionen des Spielers auf Aktionen des Zuschauers teilen sich ebenso unmittelbar der Puppe mit und schaffen so eine hohe Möglichkeit für den Kontakt des Puppenspielers mit dem Publikum. Aufgrund der Symbolik ihres Aktionsraums, der stets „nach unten offen" ist und ihrer „primitiven Direktheit"[21] eignet sich die Handpuppe sowohl für die Darstellung konkreter Alltagsszenen, z. B. aus dem Erfahrungsbereich des Kindes, als auch für alle symbolischen und magi-

19

schen Spiele, in denen irreale, märchenartige Gestalten, wie Kasper, Hexe, Teufel und Zauberer usw., vorkommen. Solche Spiele entsprechen der Eigenart kindlicher Symbolspiele; die magischen Figuren werden zu Projektionsträgern kindlicher Vorstellungen, Wünsche und Ängste. Wegen ihrer unmittelbaren Körperverbundenheit und der relativ einfachen Führungsmöglichkeit eignen sich Handpuppen auch besonders für solche Puppenspiele, die das Kind selbst spielt – nicht zuletzt auch deshalb, weil man zur Führung einer Handpuppe – im Unterschied zu Stabpuppe oder Marionette – nur *einer* Hand bedarf und so auch für das Spiel mit sich selbst stets der Dialog zweier Puppen möglich ist.

Eine besondere Form der Handpuppe ist die *Fingerpuppe.* Ihr Kopf besteht aus einer ausgehöhlten, bemalten Holzkugel oder ist aus Papier oder Pappe gefertigt. Ein Taschentuch bildet die Bekleidung. Man legt es über die Fingerspitze, stülpt den Kopf darüber, und fertig ist die Figur. Eine andere Form der Fingerpuppe besteht aus zusammengenähten Stoffstücken, die durch Bemalen und Bekleben Gesicht und „Charakter" bekommen. (vgl. S. 140). Fingerpuppen sind zwar auch für Kinder leicht herzustellen, verlangen aber beim Spiel die differenzierte Bewegung aus dem Fingergelenk bei gleichzeitiger Zügelung von Hand- und Armbewegung.

Eine andere Form der Handpuppe ist die *Klappmaul-Puppe.* Im Unterschied zur Fingerpuppe gewinnt sie ihre Lebendigkeit stärker aus der Bewegung von Hand und Unterarm, die Bewegungen beim Öffnen und Schließen des Maules haben mehr Spielraum, und die Bewegung des Spielers geht unmittelbar in Bewegung und Ausdruck der Puppe über. Eine schwierige, aber reizvolle Aufgabe für ältere Grundschulkinder kann darin bestehen, die Mund- und Sprechbewegungen der Puppe synchron und lautgemäß mit der Sprache des Spielers in Einklang zu bringen, eine Aufgabe, die hohe Anforderungen an Konzentration, Sprachvermögen und Koordination von Auge, Hand und Sprache stellt und darin auch einen besonderen pädagogischen Wert besitzt.

2. Die Marionette

Die Marionette, deren Ursprünge etwa im 5. Jahrhundert
v. Chr. liegen, „ist die zartere Schwester der Handpuppe, poe-
tisch entrückt und artifiziell, wo die andere vor vitaler Derbheit
strotzt"[22].

Ihr Name entstammt möglicherweise einem französischen
Schäferspiel des 13. Jahrhunderts mit dem Titel „Jeu de Robin
et Marion" und ist in der französischen Schreibweise, „marionnette" eine Koseform des Namens Marion, hängt vielleicht aber
auch mit den beweglichen Marienfiguren mittelalterlicher
Weihnachtskrippen zusammen[23].

Ebeling schreibt hierzu: „Den Namen hat Frankreich den
Puppen gegeben. Hier war nämlich das Wort marionnette, welches zuerst als Diminutivum von Marion (Mariechen) galt ...
auf die kleinen Marienbilder übertragen, die man früher und
jetzt noch in katholischen Ländern in Kirchen und an Wegen
sieht. Dann verderbte man diesen Ausdruck in marote, mariotte
und marmouzet und brauchte ihn in sehr profaner Bedeutung
von Puppen ... Der Gebrauch von Puppen zu religiösen Zwe-
ken war übrigens in den französischen Kirchen des Mittelalters
ebenso häufig wie ebenso wenig anstößig als in andern Ländern."[24]

Die Marionette ist eine Gliederpuppe, die an Eisenstangen
oder Fäden hängt. Der Spieler führt die Fadenmarionette von
oben herab mit Hilfe eines Führungskreuzes, an dem alle
Stränge zusammenlaufen. Durch Heben, Senken und Drehen
des Kreuzes und der Hebel und Griffe, die oft noch damit verbunden sind, verleiht er der Puppe Bewegung und Leben.

Im Vergleich zur Handpuppe besitzt die Marionette weit
mehr Möglichkeiten, menschliche Bewegung nachzuahmen
und in feinsten, differenzierten Formen auszuführen. Sie vermag den Anschein zu erwecken, selbst ein lebendes Wesen zu
sein, zumal der Spieler, der sie führt, sich in einer nur durch die
Fäden überbrückten Distanz zu ihr befindet und seine eigenen
psychischen Bewegungen nur mittelbar auf die Bewegungsfä-
higkeit der Puppe überträgt. Die Führung der Puppe bedarf hoher Kunstfertigkeit, und manche Marionettenspieler zeigen

21

wahrhafte Meisterschaft, ja Virtuosität darin. So kamen z. B. in Ivo Puhonnys berühmtem Marionettentheater unter der Spielleitung Ernst Ehlerts während der zwanziger und dreißiger Jahre dieses Jahrhunderts ein Balalaika-Orchester und ein Xylophonspieler vor, deren Bewegungen beim Bedienen der Instrumente vollkommen mit der dazugehörenden, auf einem Grammophon hinter der Bühne abgespielten Musik übereinstimmten. Der Zuschauer hatte den Eindruck, die Puppen „machten" die Musik selbst.

Das Marionettenspiel, in Deutschland lange im „Milieu der bloßen Jahrmarktsunterhaltung" [25] heimisch, wurde im 19. Jahrhundert durch Franz Graf Pocci und die von ihm geschriebenen zahlreichen „Kasperl-Komödien" und durch die Gründung eines festen Marionettentheaters in München auf das Niveau künstlerisch wertvollen Theaters gehoben [26] und erfuhr seit 1911 in Ivo Puhonnys Marionettentheater in Baden-Baden eine besondere, beispielhafte künstlerische Ausprägung.

Als Spielstoffe eignen sich nahezu alle Gattungen szenischen Spiels – Puhonny führte auch Dramen von Frank Wedekind und August Strindberg auf –: Wirkliches und Unwirkliches, Trauerspiel und Komödie, Märchen und Schwank, Ballett und Kabarett.

Für das aktive Spiel des Kindes jedoch ist die Marionette infolge ihrer komplexen technischen Eigenschaften weniger gut geeignet als die Handpuppe. Dazu kommt, daß sie als Puppe meist stärker individuell-persönliche Züge trägt und nicht so sehr den „ bloßen Typus" verkörpert, wie dies die Handpuppe tut. Aus diesen Gründen sind auch ihre Verwendungsmöglichkeiten in der heilpädagogischen und psychotherapeutischen Praxis begrenzt. Das Reich der Marionette ist die Bühne, und ihr Wesen verwirklicht sich als Kunst.

3. Die Stabpuppe

„In ihren Eigenschaften steht die Stabfigur zwischen Handpuppe und Marionette. Sie hat viel von der Direktheit und Vitalität der Handpuppe, besitzt aber auch die komplizierte Anmut
und das subtile Eigenleben der Marionette." [27]

Wie die Handpuppe wird sie von unten geführt, aber der
Spieler braucht beide Hände dazu. „Die eine hält die Figur am
Stockgriff in die Höhe, die andere betätigt mittels feiner Stäb-
chen aus Holz oder Draht die mit natürlichen Gelenken ausgestatteten Arme, die mit abgezirkelten Gesten das Spielgeschehen artikulieren." [28]

Die Kultur des Stabpuppenspiels hat im javanischen Wayang-
golek (golek = Puppe) eine alte Tradition. Die Figuren des
Wayang-golek sind runde, bemalte Holzpuppen mit einem
drehbaren Haltestab, auf dem der Kopf sitzt. Der untere Teil
der Figur ist mit Stoff bekleidet. Eine Variante der Stabpuppe
bildet die flämische und rheinische Stockpuppe, die ursprünglich am verlängerten Bein geführt wurde und deren rechte (seltener die linke) Hand der Spieler mit einem Eisenstock oder
einem Draht bewegt. Seine besondere und berühmte Verwirklichung findet das Stockpuppentheater in dem 1802 gegründeten
Kölner Hänneschen-Theater, das nicht nur Rührstücke und
Haupt- und Staatsaktionen inszenierte, sondern auch, „was sich
Neues in unseren Tagen, merk-, schreib-, sodann druckens-
werth zu hat getragen; als nemblich was sich in der hiesigen
Stadt, Colonia (Cöllen) ereignet hat ..." [29]

Eine besonders hohe künstlerische Gestaltungsform erfuhr
die Stabpuppe in den Schöpfungen des Wiener Grafikers Richard Teschner, der 1911 in Amsterdam durch die Begegnung
mit dem javanischen Wayang-golek zur Herstellung eigener
Puppen nach javanischen Legenden angeregt wurde.

Im Ausdruck der Stabpuppe liegt häufig etwas Schwebend-
Feierliches. Die Einschränkung ihrer Bewegungsmöglichkeiten
auf die seitliche Drehung des Kopfes und die Bewegung der
Arme (wobei manche Figuren die Arme nur vor- und rückwärts,
andere sie auch seitlich bewegen können) oder – wie bei der
Stockpuppe – nur eines Armes, konzentriert Spieler und Zu-

schauer auf das unmittelbare „Handeln", auf die Bewegungen von Arm und Hand und verleiht der Figur ihren besonderen Reiz, der im seltsamen Widerspruch von Steifheit des Rumpfes und großflächiger Arm- und Handbewegung liegt. Die mögliche Hast oder Explosivität der Handpuppe, die tänzerische Freiheit der Marionette sind der Stabpuppe nicht gegeben; ihre Bewegungen behalten auch im Affekt noch etwas Gemessenes.

Für die Erziehung könnte das Stabpuppenspiel von großem Wert sein. Die Puppe verbindet unmittelbare Körpernähe mit Distanz vom Spieler, der stets genötigt ist, seine eigene Bewegung, bevor er sie der Puppe überträgt, abzuwägen und trotz des Handkontakts behutsam und mit „innerem Abstand" in das Spiel von Hebelwirkungen und Gliedmaßen zu übersetzen. Die Puppe ist eine Verlängerung des eigenen Körpers nach oben; sie verlangt Gleichgewicht, Bewegungsbeschränkung und Mäßigung des Ausdrucks und vermittelt die Fähigkeit zur Verfügung und Kontrolle über das eigene Bewegungs- und Ausdrucksverhalten. Dennoch begegnet das Kind der Stabpuppe eher als Zuschauer und kaum als aktiver Spieler. Wie für die Marionette benötigt es auch für die Stabpuppe beide Hände. Dies erschwert die für das Puppenspiel sinnvollen dialogischen Spielformen und bewirkt ferner, daß spontane Äußerungen, wie sie im heilpädagogischen Umgang mit Puppen eine so große Rolle spielen, immer erst „filtriert" werden, bevor sie in die Bewegung der Puppe übergehen. Die Stabpuppe als „Fortsetzung" der Handpuppe aber, als differenzierteres „Spiel-Zeug" im Prozeß der Erziehung wäre ein wertvolles Mittel zur Verfeinerung, Differenzierung und Kontrollfähigkeit motorischer, emotionaler und kognitiver Vorgänge.

Eine einfache Form der Stabpuppe ist die *Marotte*. Sie ist „ein ganz einfaches Figurengebilde, nichts als ein Kopf auf einem Holzstock, ein Schulterstück, darüber das Kostüm. Die Arme sind angenäht. Der Spieler bewegt die Puppe von unten."[30]

Die Marotte kann aber auch auf die Arme verzichten. Ein bemalter Kochlöffel, ein Stück Stoff, Faden und etwas Wolle für die Frisur genügen zur Herstellung einer eindrucksvollen Marotte. Auch schon ältere Kindergarten- und jüngere Grundschulkinder können einen Kochlöffel bemalen, „anziehen" und so in eine brauchbare Spielpuppe verwandeln. Dabei kann es reizvoll sein, wenn der Kochlöffel auch auf der Rückseite ein Gesicht bekommt – z. B. vorn ein lachendes, hinten ein trauriges – und der Spielhandlung entsprechend sein Mienenspiel wechseln kann.

Schwierigkeiten im Umgang mit der Kochlöffelpuppe bestehen – ähnlich wie bei der Fingerpuppe – oftmals in der noch wenig differenzierten Motorik des Kindes. Schon eine kleine Bewegung von Arm oder Hand führt zu einem großen Bewegungsausschlag der Puppe, und das szenische Spiel mit der Marotte verlangt vom Kind, das im Vorschul- und frühen Grundschulalter stark zur Großmotorik neigt, ein beträchtliches Maß an Zügelung und Ordnung der Finger-, Hand- und Armbewegung.

4. Das Schattenspiel

Das Schattenspiel, das an dieser Stelle nur kurz erwähnt werden soll, kam aus Asien wahrscheinlich auf dem Wege über die Türkei und Nordafrika nach Europa. Im 18. und 19. Jahrhundert war es in Deutschland sehr beliebt und beeinflußte nachhaltig die deutsche Romantik. Dem Scherenschnitt verwandt, verzichtet es auf Körperlichkeit und Perspektive und zeigt mit der Zweidimensionalität des bildschirmartigen Bühnenraums eine hohe Ähnlichkeit mit dem Film. Künstlerische Verbindungen beider treten auch schon relativ früh in der Filmgeschichte auf: am bekanntesten wurden die Silhouettenfilme von Lotte Reiniger (Die Abenteuer des Prinzen Achmed, 1926, u. a.), die noch heute zu den besonderen Kostbarkeiten der Filmkunst gehören.

Die Bedeutung des Schattens ist – wie schon oben erwähnt – ursprünglich religiöser Natur. „Die Schatten, personifizierte Ahnen, wurden in den Dienst des Menschen gestellt. Der Nachvollzug bestimmter Akte des mythischen Geschehens im Schattentheater garantiert die Anwesenheit des Heroen selbst und sichert dessen Kraft und Hilfe für die Gemeinschaft."[31] Heute steht jedoch, auch bei den berühmten asiatischen Schattentheatern, eher der Unterhaltungswert des Schattenspiels im Vordergrund.

Im Ausdruck gleicht das Schattentheater zum Teil der farbarmen Traumbühne. Was ihm aber an Raumtiefe und Plastik fehlt, ersetzt es durch seine große Freiheit im Spiel mit Proportionen und durch die Möglichkeit, ähnlich wie der Film die Bühne und ihr Geschehen im Stil von Kameraeinstellungen wie "nah, halbnah, halbtotal" usw. zu gestalten. Die extreme Begrenztheit des Bühnenfeldes erfährt ihre große Erweiterung durch die Wandlungsmöglichkeit der optischen Einstellung oder Sehweise des Zuschauers. Hierin ähnelt das Schattentheater dem Film wie dem Traum.

Die pädagogische Bedeutung des Schattenspiels liegt wohl in erster Linie im künstlerischen Bereich. Ein spontanes Spielen, verbunden mit unmittelbaren situativen Handlungs- und Reaktionsweisen ist beim Schattentheater nicht möglich. Schattenfiguren haben nicht die Fähigkeit, dem Zuschauer voll und gerade „ins Auge zu blicken", wie dies die Handpuppe kann. Der Umgang mit ihr ist eher künstlerisch-theaterhaft als dialogisch dem Zuschauer zugewandt. Aber gerade durch diese, Distanz zu Puppe und Zuschauer schaffende, Eigenart ist sie für die ästhetische Erziehung des Kindes und Jugendlichen sehr wertvoll.

5. Puppen im Figurentheater

Figurentheater ist ein „neuer Begriff für die Bezeichnung Puppentheater. Man will damit wegkommen von Klischeevorstellungen vom Puppentheater als Kaspertheater."[32] Zugleich bedeutet Figurentheater aber auch mehr: Verbindung und Verwendung verschiedener Puppenformen und -arten, Einbeziehung des Spielers – besonders seiner Hände – in die Gestalt der Figur und die Öffnung der Bühne nach allen Seiten. Damit verringert sich die Distanz des Zuschauers zum Spieler, das „Gegenüber" von Bühne und Publikum kann zu einem „Miteinander" werden. Auch das Herstellungsmaterial ist vielfältig: Es entstehen Figuren aus Holz, Textilien, Plastiform, Papier, Metall usw., auch Verbindungen aus Draht, Milchtüten, Eierkartons, Konservendosen in phantasievollen, ungewohnten Gestaltungen, so daß irreale und surreale Wirkungen von den Puppen ausgehen. Auch die Kombination von Puppe, Filmbild und menschlichem Darsteller und die Verwendung unterschiedlichster, z. T. extremer Puppengrößen und Proportionen ist anzutreffen, ebenso die Steigerung der Wirkung solcher Figuren durch elektrische und elektronische Bild-, Musik- und Geräuscheffekte. Bisweilen wird dabei auch die Sprache verfremdet: Sprachgeräusche, Phantasiesprachen, Sprachveränderungen und -verzerrungen durch Tonband gehören zum Repertoire des modernen Figurentheaters. Dem schöpferischen Einfallsreichtum steht hier eine Fülle interessanter Anregungen offen, zugleich erreicht hier das Puppenspiel auch die Grenzen seiner Möglichkeiten.

6. Die „kindgemäße" Puppe

Wenn oben gesagt wurde, die Handpuppe sei besonders für das kindliche Spiel geeignet, so bedeutet dies keine Einschränkung pädagogisch sinnvoller Puppenformen auf diese Art von Puppe. Sie bietet dem selbstspielenden Kind zwar einen besonders hohen Anreiz zur Identifikation, da sie mit ihrem fallenden Gewand die Hand des Kindes „umkleidet" und völlig bedeckt, so daß die Puppe gleichsam als „neue Hand" aus dem Arm herauswächst und zu einem Teil des Spielers selbst zu werden scheint. Die Übertragung einer kleinen Muskelbewegung auf die Figur – etwa die Neigung des Fingers im Puppenkopf – bewirkt eine deutlich sichtbare „Großbewegung" der Puppe und im spielenden Kind das Erlebnis des Machen- und Bewirkenkönnens und damit eine Steigerung des Selbstgefühls. Das Kind erlebt in der Verfügbarkeit der Puppe und der Macht, die es über sie hat, auch die Macht über die eigene Bewegung und über seine eigenen Handlungsweisen. Seinem magischen Denken und Weltbild entsprechend trennt das Kind im Spiel mit der Handpuppe außen und innen nicht scharf voneinander: was außen ist, ist auch innen und umgekehrt. Ich und Nicht-Ich, Wahrnehmung und Vorstellung, Wirklichkeit und Phantasie sind noch eng miteinander verbunden.

Dennoch spielt das Kind sein identifikatorisch-symbolisches Rollenspiel mühelos auch mit anderen Puppenformen: Kochlöffel, denen Gesichter aufgemalt sind, geknotete Taschentücher, bemalte Finger oder auch Objekte, die nicht entfernt mehr an menschliche Gestalten erinnern – alle können zu Handlungsträgern im kindlichen Puppenspiel werden. Die kindliche Phantasie und die Fähigkeit, eigene Vorstellungen und innere Bilder auf Gegenstände der Wahrnehmungswelt zu „projizieren", bewirken eine Fülle von Umdeutungen, Verwandlungen und Verlebendigungen neutraler und banaler Gegenstände. Das Kind – vor allem im Vorschulalter – ist deshalb nicht an den Gebrauch wirklicher Puppen gebunden. Es gibt sogar Fälle, in denen eine fertige, realistisch gestaltete Handpuppe dem Kind weniger nützlich und hilfreich ist als rohes Material oder ein Gegenstand, den das Kind in seinem Spiel zur Puppe „umdeuten" muß. So berichtet H. Zulliger aus seiner kinderpsychotherapeutischen Praxis von aggressionsgehemmten Kindern, deren Konflikte sich in schulischen Leistungsstörungen oder „Faulheit" niederschlagen. „Solche Kinder ängstigen sich meist davor, die Kasperle-Figuren zu benutzen; sie sind ihnen schon zu ,konflikt-nahe'; dagegen macht es ihnen gewöhnlich nichts aus, ein Gemüsetheater herzustellen, mit dem Herrn Kartoffel, dem Fräulein Lauch, dem Prinzen Karott, der Prinzessin Zwiebel zu spielen und ihre Konflikte vorerst an diesen darzustellen, zu bearbeiten ..., hierauf stellen wir gemeinsam Kasperlefiguren aus Holz oder aus Papiermaché her ..."[33]

Wenn in den folgenden Kapiteln auf Puppe und Puppenspiel des Kindes näher eingegangen wird, ist jedoch aus den oben genannten Gründen und wegen seiner großen Popularität und Verbreitung in erster Linie das Handpuppenspiel gemeint.

28

III. Zur Symbolik des Puppenspiels

Das Puppenspiel ist dem Märchen und dem Traum verwandt. Seine Figuren entstammen realen und irrealen Bereichen; wir finden Mann, Frau, Kind, König und Polizist, aber auch Teufel, Hexe und Fee, Zauberer und Dämonen. Sie alle sind die magischen Handlungsträger eines ursprünglich magischen Zeremoniells, und ihre Bedeutung ist sowohl konkret als symbolisch. Sie können das Aktuelle, Gegenwärtige darstellen, aber auch das immer schon Vorhandene – die allgemeine menschliche Erfahrung, wie sie seit Urzeiten gemacht und erlebt wird.

Wie die Figuren des Märchens und des Traums sind die Gestalten, welche die Puppen verkörpern, Bilder aus dem ältesten gemeinsamen Erfahrungsschatz der Menschheit. In diesen „urtümlichen Bildern, wie sie Jung nach einem Ausdruck Jacob Burckhardts nennt, erscheint all das bildhaft, was die Psyche der Menschheit seit ihrem Anbeginn in Wachstum und Niedergängen, in Glück und Gefahren, in der Begegnung mit den Naturmächten, den Tieren, den Menschen und in Erlebnissen jeder Art immer wieder erfahren hat".[34]

Jung bezeichnet diese Urbilder der Menschheitsgeschichte als Archetypen. In bildhafter Verkleidung, als Symbole, treten sie auf im Traum, im Märchen, in Mythos und Religion und im Symbolspiel des Kindes. Auch das Puppenspiel mit seinen uralten traditionellen Formen ist eine der Bühnen, auf denen sich kollektive Erfahrung spielerisch wiederholt und im geheimnisvollen Vorgang des Spiels dem Menschen zugänglich, greifbar, verfügbar wird. Als Puppenspieler, der die Spielhandlung lenkt, macht sich der Mensch, und vor allem das spielende Kind, wenn es „aus der Passivität des Erlebens in die Aktivität des Spielens übergeht", wie Freud sagt, zum „Herren der Situation"[35], zum Bestimmer seiner Erfahrung. Magisches Denken und Handeln in seiner Bedeutung als Versuch, das Geschick durch Beschwörung, Gebet, Zauber oder Leistung zu lenken und zu bestimmen, wird hier zur spielerischen Wirklichkeit.

Die Zahl archetypischer Symbole ist beschränkt; „denn es besteht nur eine begrenzte Zahl menschlicher Grunderlebnisse, so wie auch der Einzelmensch nur durch wenige große Begegnungen mit dem Dasein geht. Diese sind im Archetyp zum Bild, zum sich wiederholenden Vorgang geworden, sozusagen ein

Destillat aus allem Wesentlichen, was immer auf Erden geschah, geschieht und immer wieder geschehen wird."[36]

Auch im Puppenspiel – wie in Märchen und Traum – werden
die Grunderlebnisse zum sich wiederholenden Vorgang: Es sind
stets die gleichen Inhalte, die immer wieder gespielt werden. Besonders häufig – wie in den meisten Märchen und im javanischen Schattentheater das Wayang purwa, welches u. a. das
hinduistische Epos Ramayana zum Inhalt hat, ist es die Grund-
erfahrung von Trennung und Vereinigung, die von jedem Menschen bis zum Tod immer wieder durchlebt werden muß und
die in Mythos und Religion, den Zauber- und Erlösungsmär-
chen und in den Kasperl-Stücken der traditionellen Handpup-
penbühne immer wieder aufs neue dargestellt wird. Hier haben
nicht nur die Handlungen Symbolcharakter, sondern auch die
handelnden Gestalten.

„Das Symbol erweckt Ahnung; die Sprache kann nur erklä-
ren. Das Symbol schlägt alle Saiten des menschlichen Geistes
zugleich an; die Sprache ist genötigt, sich immer nur einem einzigen Gedanken hinzugeben. Bis in die geheimsten Tiefen der
Seele treibt das Symbol Wurzeln; die Sprache berührt wie ein
leiser Windhauch die Oberfläche des Verständnisses ... Nur
dem Symbol gelingt es, das Verschiedenste zu einem einheitli-
chen Gesamteindruck zu verbinden; die Sprache reiht Einzelnes
aneinander und bringt immer nur stückweise zum Bewußtsein,
was, um allgemein zu ergreifen, notwendig mit einem Blicke der
Seele vorgeführt werden muß. Worte machen das Unendliche
endlich; Symbole entführen den Geist über die Grenzen der
endlichen, werdenden in das Reich der unendlichen, seienden
Welt."[37]

Diese Worte J. J. Bachofens beschreiben anschaulich und
treffend das verstandesmäßig nie ganz faßbare Wesen des Symbols, in dem die menschlichen Urerfahrungen zu einem Bild, zu
einer Gestalt zusammengefaßt und verdichtet sind[38]. Solche
Symbole sind z. B. Kreuz und Kreis, das Bild von Sonne und
Gestirnen, Tiere wie Fisch, Vogel und Schlange, Wald, See und
Wüste, Haus und Schloß, König, Hexe, Teufel, Kasper und anderes mehr. Ein konkreter Gegenstand kann gleichzeitig Symbol sein, er kann sich selbst und zugleich einen dahinterliegen-

den Sinn vorstellen. Das Symbol ist nie eindeutig; es vereinigt verschiedene Bedeutungen, ja Widersprüche in einem einzigen Bild. Im Symbol kann sich ein Sinngehalt und gleichzeitig sein Gegenteil verkörpern. Die Schlange verkörpert das Böse und ist gleichzeitig ein Bild des Heiles, die Höhle kann verbergen, aber auch begraben oder verschlingen, die Sonne kann erwärmen und verbrennen. Auch die Mutter, die das Kind nährt und pflegt, es aber gleichzeitig „von sich weg erziehen" muß und ihm die Trennung nicht ersparen kann und darf, oder die Mutter, die ihr Kind innerlich nicht akzeptiert und es verstößt, aber gleichzeitig als überbehütende Mutter an sich bindet, finden im Märchen und Puppenspiel ihren Niederschlag in den verschiedenen weiblichen Figuren wie gute Mutter, böse (Stief-)Mutter, gute oder böse Königin, Großmutter, Fee, Hexe oder Wolf.

1. Das „Ensemble"

Das „Ensemble" des Handpuppenspiels gleicht mit seinen menschlichen und tierhaften Figuren den Ensembles der alten mythischen und märchenhaften Spiele, auch der Mysterien- und Totentanzspiele. Zum andern aber besteht es aus den konkreten Gestalten des Alltags, die sowohl dem realen Bereich als auch dem symbolischen angehören können: Mann, Frau, Großmutter, Polizist, Richter, Bauer u. a.

Die Zusammenstellung der Figuren aus den verschiedenen Wirklichkeitsbereichen weist auf den möglichen Inhalt der Spiele: Die Auseinandersetzung des Menschen mit seinen Widersachern, die in vielerei Gestalt auftreten, Trennung, Verwandlung, Erlösung, Vereinigung, kurz der Mensch mit seinen Antinomien und Konflikten in seiner Welt. Um diese Thematik im Spiel zu verwirklichen, bedarf es letztlich – um den Dialog zu wahren – nur zweier Figuren: Held und Widersacher, Kasper und Teufel, wobei die Gestalt des Kasper, wie noch zu zeigen sein wird, keineswegs die strahlende, reine Heldengestalt im Sinne eines Drachentöters ist, sondern vielmehr Held nur im Sinne von Haupthandlungsträger und als Held eher Parzival als Siegfried.

Alle anderen Figuren sind Varianten, Erweiterungen des Ur-Themas, das stets mit der Verklärung oder dem Sieg des Helden abschließt, wobei dieser Sieg im Spiel immer wieder durch die verschiedensten Hindernisse in Frage gestellt, hinausgezögert wird und in einem den Zuschauer miteinbeziehenden Spiel auch von der Mithilfe der Zuschauer abhängt. Nicht zuletzt hier liegen die großen pädagogischen Möglichkeiten des Puppenspiels.

2. Der Kasper

Obwohl das Puppenspiel die Figur des Kasper nicht notwendigerweise braucht, spielt dieser doch bis heute noch eine bevorzugte Rolle. Das Kasper-Theater, als vermeintliches „Kinder-Theater", kann ohne den Kasper nicht auskommen, und bisweilen reagieren Kinder enttäuscht, wenn sie ein Puppenspiel besuchen und dort kein Kasper vorkommt. Man hat schon verschiedentlich behauptet, der Kasper sei der beliebteste Star des Kindes im Vor- und Grundschulalter und weder Micky-Maus, Donald Duck noch eine sonstige Figur aus Massenmedien oder Kindergeschichten erreiche seine Beliebtheit. Beobachtungen an Kindern, die während Puppenaufführungen vom Kasper sich in suggestiver Weise faszinieren lassen, nicht nur mit ihm sprechen, sondern in hoher affektiver Erregung und Beteiligung am Spielgeschehen den Geschehensablauf zu beeinflussen suchen und dabei die Grenze zwischen Wirklichkeit und Spiel verwischen, scheinen dies zu bestätigen. Die Verfasser konnten einmal während eines Puppenspiels beobachten, wie Kinder voll moralischer Empörung über eine Figur, die dem Kasper wiederholt Böses wollte, ihre Schuhe auszogen und auf die Bühne nach dem Bösewicht warfen, so daß die Spieler gezwungen waren, dem Spielgeschehen eine rasche Wendung zu geben und die Gerechtigkeit siegen zu lassen. Kinder können mit dem Kasper lachen und weinen, sich fürchten und triumphieren. Wo er in einem Spiel vorkommt, ist er das am meisten komplexe, affektbesetzte, aber auch ambivalente Objekt kindlicher Projektion.

Der Name Kasper weist möglicherweise auf die Herkunft der

Figur aus dem alten Weihnachtsspiel. Danach hat Kasper, einer der Heiligen Drei Könige, in späteren verweltlichten Varianten des mittelalterlichen geistlichen Spiels die Funktion der „lustigen Person". „Oft wenn ein Märtyrer gegeißelt, oder Christus gekreuzigt wird, liest man zwischen zwei Klammern die Anmerkung: hier redet der Narr. Dieser Narr war der Lustigmacher der Truppe, der Hanswurst, der mit plumpen Scherzen das Trauerspiel zu beleben suchte."[39] Der Hanswurst ist wahrscheinlich die älteste komische Figur der deutschen Bühne. Über die Herkunft seines Namens gibt es die verschiedensten Meinungen. Ebeling weist darauf hin[40], daß bei mehreren europäischen Völkern die lustige Person im Spiel der herumziehenden Possenreißer ihren Namen nach einem Lieblingsgericht des betreffenden Volkes erhalten hat: der Pickelhäring der Holländer, Jean Potage in Frankreich, Maccaroni in Italien, in England Jack Pudding und in Deutschland Hanswurst.

Im Charakter ist der Hanswurst dem italienischen Harlekin verwandt: „Er ist dem Anschein nach ein einfältiger, sehr naiver und geringer Kerl oder allenfalls ein Possenreißer, im Grunde aber ein sehr listiger, dabei witziger und scharfsichtiger Bube, der an andern jede Schwachheit und Torheit richtig bemerkt und sie auf geistreiche, aber sehr naive Weise bloßstellen kann."[41/42]

Als Hanswurst, der Spaßmacher des barocken Possenspiels, durch F. W. Gottsched und die Neuberin von der deutschen Bühne vertrieben wurde, gab es verschiedene Versuche, „eine lustige Person unter einem andern Namen einzuführen, wovon der Kasperl, welcher einen österreichischen Bauernjungen vorstellt, der durch seine dummen oder naiven Einfälle belustigt, den meisten Beifall erhielt"[43]. Unter diesem Namen wurde er, „ein mit allen menschlichen Schwächen ausgestatteter, stets ahnungsloser, aber unerschrockener Geselle, der die volle Zuneigung und Liebe des Publikums besitzt"[44], die Hauptgestalt des deutschen Puppentheaters. Eine der heute bekanntesten deutschen Kasper-Figuren ist der von Max Jacob (1888–1967) entworfene und von Theo Eggink geschnitzte Hohnsteiner Kasper, mit dem Max Jacob auf der Weltausstellung 1937 in Paris eine Goldmedaille gewann. Besondere Merkmale des Hohnsteiner Kaspers sind seine strahlenden blauen Augen, sein lachender Mund und die große Hakennase. Europäische Verwandte des Kasper sind u. a. der englische Punch, der französische Guignol oder der russische Petruschka.

Psychologisch gesehen steht die Figur des Kasper im Zusammenhang seiner Handlungs- und Erlebnisweisen den Märchengestalten nah und somit dem Bereich des Mythischen, in dem sich nach den Gedanken Jungs die Urerfahrungen der Menschheit in den obengenannten archetypischen Bildern und personalen und nichtpersonalen Symbolen niederschlagen.

Im Hinblick auf die – wie aus den obigen Beschreibungen hervorgeht – ambivalente Figur des Kasper und ihre mögliche Bedeutung ließe sich zur Deutungshilfe der Mythos vom göttlichen Schelm heranziehen. „Kaum ein Mythos hat eine so weltweite Verbreitung, wie der unter dem Namen ‚Der Schelm‘ bekannte … Von wenigen Mythen können wir so zuversichtlich behaupten, daß sie zu den ältesten Ausdrucksformen der Menschheit gehören, und nur wenige andere Mythen haben ihren ursprünglichen Inhalt derart unverändert bewahrt. Der Schelmen-Mythos besteht in klar erkennbarer Form sowohl bei den einfachsten Urvölkerschaften als bei den entwickelteren Völkern; wir finden ihn bei den alten Griechen, den Chinesen, den Japanern und in der semitischen Welt. Viele von den Schelmenzügen wiederholen sich in der Gestalt des mittelalterlichen Gauklers und leben weiter bis auf den heutigen Tag im Hanswurst des Kasperle-Theaters und im Clown."[45]

Die Gestalt des Schelms ist ambivalent: Er ist „Schöpfer und Zerstörer; spendend und verweigernd … Betrüger, der immer selbst betrogen wird. Und doch strebt er nie bewußt nach irgend etwas. Jederzeit ist er durch Impulse, die er nicht zu beherrschen vermag, gezwungen, sich so zu benehmen, wie er es tut. Er kennt weder Gut noch Böse, ist jedoch für beides verantwortlich."[46]

In seiner Persönlichkeit ist der Schelm unbestimmbar, als Mensch unfertig, unentwickelt, aber gleichzeitig eine Figur, die ahnen läßt, daß sie sich entfaltet und einmal verstehbare, deutbare menschliche Züge tragen wird. Der Schelm ist dem Toren verwandt, dem Parzival, der aus dem Zustand der „tumpheit" (im Sinne von „Unerschlossenheit")[47] auf dem Weg durch Abenteuer und Irrtümer zum Zustand der „wîsheit" gelangt. Eine besonders anmutige Verkörperung des Schelms finden wir in Pinocchio, dem Helden in Collodis[48] berühmtem Kinderbuch, der sich von der hölzernen Puppe nach vielen Torheiten und bösen Streichen in einen einsichtigen, lebendigen menschlichen Jungen verwandelt. Der Mensch – als Leser, Hörer oder Zuschauer – begegnet dem Schelm und seinen Taten (oder Streichen) mit Gelächter, aber auch mit Scheu oder Ehrfurcht. Das Kind im Kasperle-Theater kann weinen und lachen, sich fürchten und sich stark fühlen. Und immer ist es die Vorahnung eines guten Endes der Handlung, einer Verklärung des törichten Schelms oder schelmischen Toren zum entwickelten Menschen, der frei ist von Furcht und Schuld – (den beiden „Ur-Übeln" für jede seelische Entwicklung, wie die psychotherapeutische Praxis zeigt) –, welche die vom Spiel ausgelöste Angstlust in ein Glücksgefühl verwandelt.

„Wie sollen wir diese erstaunliche Figur deuten? Haben wir hier mit der allgemein menschlichen mythenbildenden Imagination zu tun, die dem Menschen in einer bestimmten Periode seiner Geschichte ein Bild der Welt und seiner selbst bietet?"[49] Der Schelm in seiner Bildwelt, sei diese nun Buch oder Bühne, spielt ein „äußeres und inneres Welttheater", er spielt die Auseinandersetzung des Menschen mit sich selbst gegen seine eigenen infantilen Züge, mit seinem inneren Werden und Reifen gegen vielerlei Widerstände von innen, und er spielt auch den Kampf gegen das Außen, die Welt, die Natur mit ihren Gefahren und Bedrohungen. In seiner Unfertigkeit und „Unmenschlichkeit", seiner unschuldig-bösen Einfalt, fügt der Schelm-Tor seiner Umwelt häufig ohne Absicht Schaden zu. Ein anschauliches Beispiel hierfür schildert Chrestien de Troyes[50] in seinem „Perceval", wo der Held der Geschichte in einem brokatenen Zelt ein schlafendes Mädchen findet und es durch seine Torheit in schlimme Verlegenheit bringt. Dennoch trägt der Schelm und Dummling schon die spätere „Endgestalt" seiner Persönlichkeit in sich, die im Sinne des „Werde, der du bist" zu verwirklichen seine Funktion und gleichzeitig bei allen Varianten der unveränderte Stoff der Geschichte oder des Spiels ist.

C. G. Jung meint, der Schelm sei ein „Vorläufer des Heilbringers, ein kosmisches ‚Urwesen' göttlich-tierischer Natur, den Menschen einerseits überlegen vermöge seiner übermenschlichen Eigenschaften, andererseits unterlegen vermöge seiner Unvernunft und Unbewußtheit"[51].

Diese machen seine menschliche Natur aus, aber zum Ausgleich besitzt er als Mensch eine fast unerschöpfliche Lernbegier und Lernfähigkeit und die Disposition zu einer hohen Bewußtseinsentwicklung.

Die Begegnung mit dem Schelm und seinem Mythos ist eine Begegnung mit sich selbst, eine Begegnung mit den eigenen inferioren Wesenszügen, mit einer früheren Stufe der Persönlichkeitsentwicklung. „Die Figur wirkt, weil sie im geheimen Anteil hat an der Psyche des Zuschauers, ja als eine Widerspiegelung derselben erscheint, welche aber als solche nicht erkannt wird. Sie ist vom subjektiven Bewußtsein abgespalten und benimmt sich insofern wie eine abnorme Persönlichkeit. Der Schelm ist die kollektive Schattenfigur, eine Summierung aller individuellen inferioren Charaktereigenschaften."[52] Aber die „Ahnung" des Zuschauers, daß in der kollektiven Schattenfigur als Bild des Vernachlässigten, Unentwickelten, absichtslos Dummen und Bösen der Keim der Entwicklung zu Bewußtheit und Menschlichkeit liegt und daß in den vielen Kasper-Spielen Teile dieser Entwicklung mit ihren Schwierigkeiten abgehandelt werden und den Helden zum Schluß in Einklang mit sich selbst und der Welt bringen, machen die unveränderte hohe Aktualität der Kasper-Figur und ihres Spieles aus. So ist der Kasper dem Helden des Märchens und der Legende verwandt; sein Spiel ist Jedermanns Spiel; so ist auch seine Frage zu verstehen, die er zu Beginn des Stückes an die Zuschauer, die in Wahrheit „Mitspieler" sind, zu richten pflegt: „Seid ihr alle da?"

Für das Kind ist der Kasper infolge seiner Komplexität, Mehrdeutigkeit und Ambivalenz eine unerschöpfliche Projektionsfigur. Konflikte, Ängste, aggressive Impulse, Wünsche und Hoffnungen können durch ihn dargestellt werden. Mit dem Kasper kann das Kind sich selbst spielend darstellen, wie es ist, aber auch wie es gern sein möchte oder wie die Eltern sich das Kind wünschen oder wie sie es sehen. Als Zuschauer im

Puppenspiel projiziert es seine Affekte auf Handlung und Figur und erlebt das äußere Spielgeschehen als Bild eines inneren dramatischen Geschehens, vor allem dann, wenn der Inhalt des Stückes „kindgemäß" ist, d. h. in bildhaft symbolischem Gewand – wie dies auch im Märchen der Fall ist – Vorgänge und Zustände des kindlichen Seelenlebens darstellt. Dies erlegt dem Puppenspieler, der vor oder mit Kindern spielt, eine besondere Vorsicht und Verantwortung auf: Das Puppenspiel kann kindliche Ängste vermindern helfen, Fragen beantworten, hilfreich sein bei der Bearbeitung von Konflikten, aber es kann auch Konflikthaftes in Bewegung setzen und – wie Knecht Ruprecht oder andere magische Figuren – das Kind zum Fürchten bringen. Der „unfertige" Mensch Kasper ist ein Bild des „unfertigen" Kindes mit allen Möglichkeiten und Hindernissen seiner Persönlichkeitsentwicklung und im Spiel – sei es dem selbst gespielten oder bloß geschauten – ein Symbol des werdenden Menschen.

3. Der Teufel

Der natürliche Widersacher und Gegenspieler des Kasper auf der Puppenbühne ist der Teufel. Er ist eine der „häufigsten und wichtigsten Figuren in unserer Volksüberlieferung. Er kommt in allen Gattungen der Volksüberlieferung vor, in Sage und Volksglaube, in Märchen, Legende und Schwank, im Volksschauspiel, in Sprichwort und Redensart sowie im Brauchtum."[53] In seiner bekannten Gestalt mit Hörnern, krummer Nase und Schwanz stammt er aus dem Mittelalter. Im geistlichen Spiel jener Zeit trat er zunächst dort auf, „wo er auch nach biblischer Grundlage am Platze ist: beim Abfall und Sturz der bösen Engel, bei der Verführung Evas ... bei der Versuchung Christi, bei der Höllenfahrt Christi im Osterspiel ... und am Jüngsten Gericht"[54]. Im 15. und 16. Jahrhundert war er eine wichtige Figur in Schwänken und Fasnachtsspielen, wobei er mehr und mehr auch die Züge einer komischen Figur annahm. „Von hier aus ist es nur noch ein kleiner Schritt zum Kasperletheater ..., wo der Teufel zwar ein böser Gegenspieler, aber zum Schluß doch immer der Betrogene ... ist, und er unterliegt eben nicht nur gegenüber dem Kasperl, sondern auch gegenüber den Hexen, und auch gegenüber seiner eigenen Großmutter ist er stets der Prügelknabe."[55]

Im Puppentheater tritt der Teufel vorwiegend in zweierlei Bedeutung auf: als Abholwesen und als Verführer. Als Abholwesen entführt er – häufig aufgrund eines aus Unvorsichtigkeit oder Bosheit ausgelösten Zaubers – eine der Figuren in die Hölle, die danach vom Kasper wieder befreit wird, oder er versucht, mit List und Gewalt den Kasper selbst in die Hölle zu holen, wobei er jedoch stets unterliegt.

Die Verführerrolle des Teufels findet sich im modernen Spiel vom Verkehrskasperle und seinem Widersacher, dem auch im Schulfernsehen für Grundschulkinder auftretenden harmlos-dummen Verkehrsteufel ebenso wie in allen geistlichen und weltlichen Volksschauspielen. Im Puppentheater versucht der Teufel, den Kasper oder andere „gute" Figuren zu irgendwelchen Dumm- oder Bosheiten zu verführen, um sie dadurch in seine Macht zu bekommen. Verwandt mit der Verführungsthematik im Spiel zwischen Kasper und Teufel ist auch der Pakt mit dem Teufel, die Teufelswette oder das Teufelsbündnis. Seine bekannteste Gestaltung erfuhr das Thema vom Teufelspakt in dem in vielen verschiedenen Fassungen vorliegenden Stück vom Doktor Faust, welches im 18. und zu Anfang des 19. Jahrhunderts „gewissermaßen das Hauptkassenstück aller deutschen Marionettentheater ward"[56]. Darin kamen meist acht Teufel vor, deren wichtigster Wortführer und teuflischer Partner des Doktor Faust der von Goethes Faust her bekannte Mephistopheles war.

Unter dem Aspekt der Entwicklungs- und Tiefenpsychologie gesehen, ist der Teufel als Gegenspieler des Kasper einmal die Verkörperung der entwicklungshemmenden innerseelischen Kräfte, zum andern ein Projektionsobjekt für bewußte und unbewußte Schuldgefühle und „schlechtes Gewissen", aber auch für feindselige Impulse gegen Personen in der Umgebung des Kindes. Kinder, die in der erziehungspsychologischen Praxis mit Handpuppen spielen, zeigen in der gewählten Spielthematik persönliche Konflikte der Mutter-Kind-Beziehung, infantile

Verhaltensweisen, Bettnässen, Daumenlutschen, Anklamme-
rungen an die Mutter und andere für Mutter und Kind leidvolle
Beziehungsmuster, deren entwicklungshemmende Bedeutung
durch den Teufel ins Bild gesetzt wird. Für Kinder liegt dies
häufig deshalb nahe, weil Verhaltensweisen, wie Bettnässen,
Naschen, Daumenlutschen oder andere Fixierungen an früh-
kindliches Verhalten, von den Eltern häufig als Unarten bezeichnet werden. Das Kind erlebt sein eigenes Verhalten als von
den Eltern nicht erwünscht und „böse" oder „unartig" und verbindet es mit z. T. recht erheblichem Gewissensdruck. Der Teufel im kindlichen Spiel ist daher oft mehrfach determiniert. Als
Projektionsfigur wird er zum Bild des „bösen", vielleicht zu
strengen Vaters, der das Kind überfordert und in Gewissens-
angst versetzt, aber auch zur Verköperung von befürchtetem
Liebesentzug oder angedrohter Isolierung, wobei die Funktion
des Teufels als Abholwesen deutlich wird. Beim Puppenspiel,
welches das Kind als Zuschauer erlebt und worin der Teufel
meist in einer der oben genannten Funktionen auftritt, projiziert das Kind affektive „Binnenstrukturen" – Gefühle der Abneigung, sozial unerwünschte feindselige Regungen, Be-
fürchtungen und Ängste – auf den Teufel und seine Handlungen. Im „inneren" Welttheater der Puppenbühne präsentiert
sich der Konflikt, aber auch seine Lösung. In solchem Sinne
kann die Aufführung eines Puppenspiels für Kinder Konfliktlö-
sungen und Orientierungshilfen bieten und somit Erziehungshilfe sein. Für den Spieler selbst – will er nicht bloß
vordergründige Unterhaltung mit Hilfe situationskomischer
Spielszenen (die selbstverständlich auch ihre Berechtigung haben) – ergeben sich erhebliche Chancen erzieherischen Einflus-
ses und – damit verbunden – eine hohe Verantwortung.

Bisweilen wird eingewandt, man solle das Puppenspiel nicht
pädagogisieren oder verschulmeistern, sondern es als Kunst-
form, die es ist, belassen: eine Form dramatischer Darstellung
mit dem Ziel, Menschen zu unterhalten und dabei künstlerischen Ansprüchen zu genügen. Aber selbst wenn ein Puppenspieler dies beabsichtigte, es gelänge nicht, mit den traditionellen Figuren des Puppenspiels „bloße" Unterhaltung zu bieten.
In der Begegnung mit allen Künsten, ja mit jeder Sinneswahr-

nehmung überhaupt, neigt der Mensch dazu, über das bloße Wahrnehmen hinaus den Objekten seiner Begegnung Bedeutung beizulegen, seelische Gegebenheiten auf das Wahrgenommene zu projizieren. So wird das Puppentheater – ob es will oder nicht – für Kinder stets zur inneren Bühne und zur guten oder schlechten „moralischen Anstalt" im Sinne Schillers.

Im Zusammenhang mit entwicklungs- und tiefenpsychologischen Betrachtungsweisen wird auch die Rolle des Kasper als Gegenspieler und Überwinder des Teufels in einer weiteren Bedeutung sinnvoll. Der Kasper als Bild des göttlichen Schelms, als eine Vorform des Heilbringers kämpft mit dem Teufel, der ihn in seiner Entwicklung vom „Unfertigen" zum gereiften Menschen behindern will, indem er ihn listig zu infantilen Verhaltensweisen verführt und danach unter Gewissensdruck setzt. Kasper aber begegnet dem Teufel ebenso mit List und schlägt ihn mit der eigenen Waffe. (Viele alte Jahrmarktstücke hatten diese Thematik.) Im Mythos vom Schelm steht am Ende die Erlösungstat, durch welche der Schelm auch sich selbst erlöst und somit „höchsten Heiles Wunder, Erlösung dem Erlöser"[57] zuteil wird. Der Gedanke von der List des Heilbringers findet sich schon früh in der christlichen Religion. „Bereits die Kirchenväter hatten die Erlösungstat Christi als Prellung des Teufels hingestellt. Die Vorstellung, daß Christus durch ‚frommen Betrug'... den Teufel überlistete, indem er durch Menschwerdung und Kreuzestod die Christenheit erlöste, findet sich schon bei Gregor von Nyssa, bei Ambrosius und Leo dem Großen, und das reicht noch ... bis zu Luthers Predigten."[58]

4. Der Tod

Zum Ensemble des klassischen Puppentheaters gehört auch die Figur des Todes. Eine Hauptrolle hat er in den alten Totentanz- und Jedermann-Spielen, die von lebenden Darstellern, aber auch von Puppen aufgeführt werden. In alten und neuen Puppen-Komödien kommt er auch als komische Figur vor. Im Kasper-Theater ist er oft – ähnlich dem Teufel – Widersacher des Kasper, der ihn aber überlistet und besiegt.

Zu den als Puppenspiele künstlerisch gestalteten Märchenstoffen, in denen der Tod mit Absicht eine tragende Rolle spielt, gehören „Der Gevatter Tod" und „Die Boten des Todes" aus den Kinder- und Hausmärchen der Brüder Grimm, beides Geschichten, die sich schon in der Dichtung des Mittelalters finden.

Für das Puppenspiel des Kindes ist der Tod als Figur nicht unbedingt erforderlich; aber er kann bei psychodiagnostischen und therapeutischen Fragen eine Rolle spielen und hat im künstlerischen, geistlichen und weltlichen Puppenspiel seinen festen Platz.

5. Großmutter, Hexe und Räuber

Die Gestalten der Hexe und Großmutter gehören zum Umkreis des Mutter-Archetypus. Die Mutter ist eines der bedeutendsten und mächtigsten archetypischen Bilder. C. G. Jung erwähnt als Mutter-Symbol die persönliche Mutter und Großmutter, irgendeine Frau, zu der man in einer Beziehung steht, in übertragenem Sinne die Göttin, die Mutter Gottes, aber auch in weiterem Sinne Erde, Wald, Meer, Höhle, Baum, den Backofen oder den Kochtopf, wie wir sie im Märchen finden und schließlich auch Drachen und Hexe.[59]

Die Eigenschaften des Mütterlichen sind die „magische Autorität des Weiblichen, die Weisheit und geistige Höhe jenseits des Verstandes; das Gütige, Hegende, Tragende, Wachstum-, Fruchtbarkeit- und Nahrungspendende; die Stätte der magischen Verwandlung, der Wiedergeburt ...; das Geheime, Verborgene, das Finstere, der Abgrund, die belebte Unterwelt, das Verschlingende, Verführende und Vergiftende, das Angsterregende und Unentrinnbare"[60].

Die Gegensätzlichkeit der Eigenschaften – Jung unterscheidet die „liebende" und die „schreckliche" Mutter – findet im Puppentheater ihren anthropomorphen Ausdruck in den Gestalten von Großmutter und Hexe. Die Großmutter verkörpert die „gute" Mutter, die dem Kasper meist gutes Essen kocht und somit seine kindlichen oralen Bedürfnisse erfüllt, die ihn aber auch ermahnt, zum Guten anhält, ihm seine dummen Streiche liebevoll verzeiht und ihn manchmal sogar vor dem Teufel beschützt. Die böse Mutter, wie wir sie aus dem Märchen kennen – zum Beispiel aus Schneewittchen, Aschenputtel, Hänsel und Gretel u. a., die ihr Kind einsperren, verschlingen, verzaubern oder töten will, wird durch die Hexe dargestellt, aber auch durch böse Feen und Königinnen oder andere weibliche Figuren.

Für die Entwicklung des Kindes sind beide Aspekte der Mutterfigur von großer Bedeutung. Die „gute" Mutter, die sich dem Kind liebevoll zuwendet, es aber dabei „von sich weg erzieht", ihm die dauernde Erprobung eigener Selbständigkeit zugesteht und dabei die Unvermeidbarkeit böser Erfahrungen miteinberechnet, eröffnet dem Kind den Weg zur eigenen Identität und Persönlichkeit im Erwachsenenalter. Die „böse" Mutter, die das Kind nicht losgeben will, die es verschlingend an sich bindet, die einerseits überstrenge, in anderen Fällen überbehütende, überängstliche Mutter, die „overprotecting mother", die dem Kinde nichts zutraut und nichts zumutet, ihm keine oder nur geringe Expansion in den Erfahrungsbereich zugesteht, behindert die Entwicklung der kindlichen Persönlichkeit und leidet an sich selbst und an ihrem Kind. Sie ist wie die naschhafte Hexe in Hänsel und Gretel vereinsamt auf der frühkindlichen oralen Stufe infantilen Haben-Wollens stehengeblieben oder dorthin zurückgeworfen worden. Es gibt vielerlei Gründe für die mütterliche Neigung zur Überbehütung, zum An-sich-Fesseln des Kindes: Mangel an liebevoller Bindung in der eigenen Kindheit, Ablehnung des eigenen Kindes und Kompensation der damit verbundenen Gewissenskonflikte durch überhöhte Zuwendung gegenüber dem unbewußt abgelehnten Kind – aber auch Fälle, in denen die Mutter ihr Kind für einen erwachsenen Liebespartner und als Abwehr gegen die wirkliche oder vermeintliche Bedrohung durch Einsamkeit und Alleingelassensein benötigt. So ist die verschlingende Mutter im Sinne des Märchens selbst „unerlöst" und hilfsbedürftig, und das Märchen zeigt bisweilen solche Hilfen an, wenn eine hexenhafte Frauen- oder Tiergestalt von ihrem bösen Zauber erlöst wird. Neben der alten Hexe mit runzligem Gesicht und krummer Nase gibt es auch noch die schöne, junge und verführerische Hexe, die aber im Märchen und vor allem im Puppentheater eher in der Gestalt einer bösen Fee oder auch einer bösen, verwöhnten und ihre Freier tötenden Prinzessin auftritt, wie sie H. Ch. Andersen[61] in seinem Märchen „Der Reisekamerad" gestaltet hat.

In ihrer mehrfachen Determiniertheit kann die Hexe im Puppenspiel auch Bild aggressiver Impulse im Kind selbst sein. Wenn Kinder spontan mit Handpuppen spielen, projizieren sie eigene feindselige Regungen auf die Hexe und lassen sie stellvertretend für ihr eigenes gewünschtes Handeln symbolisch agieren, und bisweilen kann man aus den (gespielten) Verhaltensweisen der Gegenspieler – Kasper oder Großmutter z. B. – aggressive Haltungen und Wünsche des Kindes gegen Eltern oder Geschwister, aber auch gleichzeitig die Reaktion des eigenen unbewußten „schlechten" Gewissens, das sich in diesen Gegenspielern verkörpert, mit seinen Drohungen und Sanktionen ablesen. Zweierlei pädagogische Chancen ergeben sich hieraus: das aktive Puppenspiel des Kindes selbst als diagnostische, pädagogische, heilpädagogische und therapeutische Hilfe und zum andern das Puppenspiel als Theatervorstellung mit seinem kindgemäßen symbolischen Inhalt, den das Kind als „eigene Sache" erlebt und worin es Lösungsmöglichkeiten eigener Fragen und Konflikte erblicken oder erspüren kann.

Man kann die Frage stellen, ob denn die Hexe im Puppen-Theater immer böse sein müsse, ob es nicht auch gute Hexen geben könne und ob es überhaupt sinnvoll sei, den Kindern solche vielfach angstbesetzten Figuren wie Teufel und Hexe vorzustellen oder in die Hand zu geben. Manche Pädagogen meinen hierzu, die Hexe müsse um der Eindeutigkeit ihrer Bedeutung willen böse sein; nur so könne sie dem Kind eine Orientierungshilfe zum Erkennen von „gut" und „böse" leisten. Andererseits weisen Kritiker dieses Standpunkts darauf hin – und die Verfasser schließen sich dieser Auffassung an –, daß diese gewünschte „Eindeutigkeit" auch die Bildung von Vorurteilen und starren Einstellungen begünstigen könne, zumal die Beurteilung, was gut oder böse ist, unterschiedlich sein kann. Oft ist, was als böse erscheint, ein Zeichen von Angst und Angstabwehr oder auch der klägliche Versuch, eigene Versagungs- und Versagenserlebnisse auszugleichen. Manchmal zwingt auch die Unfähigkeit gefühlshafter Zuwendung den Betroffenen in die Gestalt von „Hexe" oder „Teufel". Und wie es im Volksmund neben dem bösen Teufel auch den „armen" Teufel gibt, so kann es neben der bösen Hexe auch die „arme" oder die „lustige" Hexe geben. Otfried Preußler hat in seinem Kinderbuch „Die kleine Hexe"[62] mit großem Erfolg versucht, diese andere Seite des (oft nur vermeintlich) Bedrohlichen mit seinen „guten" und hilfreichen Zügen zu schildern. In zahlreichen experimentellen Puppenspielen mit Vor- und Grundschulkindern haben die Verfasser die Wirkungen einer stets ein wenig vom Pech verfolgten, aber optimistischen und am Ende erfolgreichen lustigen Hexe auf Kinder beobachten können. Die anfängliche Beklommenheit beim Auftreten der Hexe wich meist schnell einer – sichtlich von Aufatmen begleiteten – Zuwendung und engagierten Hilfsbereitschaft für die (äußerlich keineswegs ansprechend aussehende) Hexe, und es schien bisweilen geradezu, als habe diese Figur eines zwar mit Zauberkräften ausgestatteten, aber äußerlich benachteiligten menschlichen Wesens das Mitgefühl der Zuschauer in besonderem Maße geweckt. Wenn es dann dieser lustigen Hexe am Ende noch gelang, dem Kasper in seinen Bedrängnissen zu helfen, war der Jubel besonders groß und unverkennbar mit einer gewissen Rührung und kindlichen Ergriffenheit verbunden, der sich auch die erwachsenen Zuschauer nicht ganz entziehen konnten.

Ein weiterer pädagogischer Vorteil ist darin zu sehen, daß Kinder, die unter Erziehungsschwierigkeiten in Verbindung mit Gewissenskonflikten leiden und ihr eigenes „Unartigsein" selbst leidvoll erleben, in der Identifikation mit der ambivalenten lustigen Hexe im aktiven Spiel (unbewußt) demonstrieren können, daß sie ja gar nicht so „böse sein wollen, wie die Eltern glauben". In der Interaktion der Hexe mit ihren Mit- und Gegenspielern können sie im selbsterfundenen Stück in symbolischer Bildsprache dem aufmerksamen Erwachsenen Signale und Hilferufe wie auch Lösungsvorschläge für die belastenden Konflikte übermitteln.

Wie die Hexe lebt auch der Räuber im Wald, und auch er ist ambivalent wie sie. Wir kennen aus Märchen und Überlieferung den bösen und schlimmen Räuber, aber auch den „edlen" Räuber, wie er in volkstümlichen Berichten über den Schinderhannes geschildert wird oder bei Schiller in der Gestalt des Karl Moor eine ausgeprägte Verkörperung findet. In seiner Ambivalenz ist er sogar entfernt dem Knecht Ruprecht verwandt, der als Begleiter des Nikolaus die bösen Kinder in den Sack steckt und fortträgt. Als tiefenpsychologische Symbolfigur stellt auch der Räuber eine Funktion des Unbewußten dar; er ist ein Bild für asoziale infantile Züge unseres Wesens. Sein Charakter ist gewaltsam oral-habenwollend, und die Auseinandersetzung mit ihm – etwa im Traum – ist der Kampf mit eben diesen infantilen Ansprüchen. Der „edle" Räuber raubt genauso wie der böse, gibt aber das geraubte Gut den Armen und scheint damit seine grob orale Natur überwunden zu haben, kann aber auch symbolisch als eine Rationalisierung und vorgeschobene Rechtfertigung oraler Ansprüche angesehen werden, als Versuch, in der Gestalt des edlen Räubers die Ansprüche eigener Triebhaftigkeit und die diesen entgegengesetzten Forderungen des Über-Ich und des Gewissens zu vereinen. Im edlen Räuber wird die Ambivalenz, Antinomie und Widersprüchlichkeit des Menschen in seiner Welt besonders augenfällig, und es dürfte kein Zufall sein, daß gerade diese Gestalt eine so hohe Anziehungskraft besitzt und zu den vielfältigsten künstlerischen und folkloristischen Gestaltungen Anregung gab.

Im Puppenspiel tritt der Räuber allein oder auch als Partner der Hexe auf. Am Schluß ist er meist der Geprellte und Betrogene; denn er ist dem Kasper, aber auch der Hexe unterlegen, so daß es ihm meist nicht anders ergeht als dem geprellten „armen" Teufel.

Wie die Hexe läßt er sich aber auch als lustige – für Kinder dadurch allerdings möglicherweise auch verwirrende – ambivalente Figur darstellen, die „Angstlust" erzeugt, weil man nicht recht weiß, woran man mit ihm ist.

Für Kinder ist der Räuber vielfältig als Projektionsfigur verwendbar: Er kann das Bild der eigenen „Unartigkeiten" sein, aber auch, mit Hexe und Teufel ein Symbol für „schlechte" Eltern oder in mehrfacher Determiniertheit der Teil der kindlichen Persönlichkeit, der nach Meinung des Kindes selbst bestraft werden soll. In der folgenden Falldarstellung wird der Räuber zum Bild kindlichen Expansionsdrangs:

Peter, eindreiviertel Jahre alt, sieht im Fernsehen ein Puppenspiel. Von der Handlung versteht er kaum etwas, aber die Bewegung der bunten Figuren fesselt ihn, und eine einzige Szene des Stücks – losgelöst vom Zusammenhang des Spiels – wird für ihn zum entscheidenden Erlebnis: Der Räuber Wulewaz, prahlerisch, bedrohlich-harmlos und expansiv betritt die Bühne mit dem Vers, den er mehrmals wiederholt:

Macht Platz im Wald, macht alle Platz,
es kommt der Räuber Wulewaz!

Nach dem Stück spielt Peter den Räuber Wulewaz, versucht seine Sprache, seinen Vers, Gang und Gebärde nachzuahmen, sich selbst im Zimmer spielerisch „Platz schaffend", den Raum einnehmend, und die Mutter, zuerst verwundert, daß von dem ganzen bunten Spiel mit märchenhaften Figuren dem Kind nur der in einer winzigen Szene auftretende Wulewaz im Gedächtnis bleibt, durchschaut plötzlich, daß Peter hier ein eigenes, zur Zeit aktuelles Lebensthema aufgegriffen hat; das wachsende Bedürfnis nach Expansion, die Erweiterung seines Tätigkeitskreises in Zimmer, Wohnung und Haus und die Behinderung dieses Ausdehnungsdrangs durch Ermahnungen, Verbote und vor allem durch das Ställchen, in das er immer wieder hineingestellt wird. Platz haben und stark sein und zugleich Abwehr von Angst durch „Identifikation mit dem Angreifer", indem man in die Rolle des bedrohlichen Wesens schlüpft, ist das Thema des Spiels, das Peter aus dem sonst für ihn schwer verständlichen Stück aufgegriffen hat und nun eine Zeitlang mit Freude und Wichtigkeit vorträgt, bis es – wie jedes Rollenspiel – nach allmählicher Sättigung abklingt und vergessen wird, und dann vielleicht der sogenannten „frühkindlichen Amnesie der ersten drei Lebensjahre" anheimfällt, so daß er sich in späterer Zeit nicht mehr daran erinnern wird.

6. Der Polizist

Zu den natürlichen Partnern Kaspers auf der Bühne gehört auch, „von den Fahrenden, zu denen die Puppenspieler einmal zählten, vielleicht am meisten gefürchtet – der Gendarm als Symbol der Obrigkeit, der Unterdrückung und des Kerkers ..."[63]

So ausschließlich negativ ist die Rolle des Schutzmanns oder Polizisten – vor allem im Spiel vor und mit Kindern – nicht mehr zu sehen. Der Schutzmann kann genauso der Freund des Kasper sein und mit ihm gemeinsam die verschiedensten Abenteuer bestehen. Auch im Verkehrskasper-Spiel kann die Funktion des Polizisten nicht die des Widersachers sein; der Schutzmann ist hier helfende, nicht bedrohende Person. Seine psychologische Bedeutung im aktiven Spiel des Kindes liegt häufig in der Manifestation von Gewissensvorgängen, die das spielende Kind auf die Puppe projiziert; Auseinandersetzungen mit Geboten oder Verboten der Eltern und der Kampf gegen eigene, vom Bewußtsein nicht zugelassene affektive Impulse. In dieser Bedeutung kann der Schutzmann sowohl Gegner als auch Freund des Kasper sein – je nach dem Stand und der Problematik der Auseinandersetzung des Kindes mit seinem Gewissen und dessen Konflikten. So kommt ihm im Spiel eine ähnliche Funktion zu wie im Traum, der dem menschlichen Symbolspiel in der Wahl der Bilder und ihrer Bedeutungen stets verwandt ist. „Er geht durch unsere Traumstraßen, steht auf den Plätzen des Unbewußten und weist unserer Fahrt die richtige Bahn ... Seine Pflicht ist es, dafür zu sorgen, daß wir die nötigen Anpassungen an die kleinen Gesetze der Moral, an das, was geboten und verboten ist, richtig vollziehen. Das Auftauchen des Polizisten im Traum läßt vermuten, daß in unserem innern oder äußern Handeln Ungehöriges, Unanständiges, d. h. das, was uns nicht ansteht, im Spiel ist. Man ist in Konflikt gekommen mit den konventionellen Vorschriften der allgemeinen Lebensführung ... In den Polizeiträumen ist man vor allem in der Nähe des Unerlaubten, viel seltener aber in der Welt des Verbrechens."[64] Auch im Puppenspiel, vor allem, wenn das Kind selbst spielt, steht der Polizist symbolisch dem Unerlaubten näher als dem Verbrechen. Er ist das Bild der Auseinandersetzung des Kindes mit seinem „Alltags-Gewissen".

7. König, Königssohn und Prinzessin

Die Beziehung von Vater und Kind, das Verhältnis von Geschwistern untereinander, aber auch die symbolisch-spielerische Vorwegnahme späterer sozialer Verhaltensweisen im Bereich von Trennung, Bindung und Lösung menschlicher Beziehungen werden häufig durch das Spiel von König, Königssohn und Prinzessin dargestellt. Königinnen treten im Kasper-Spiel weniger häufig auf, allenfalls in Verbindung mit dem König, wobei beide dann meist – wie in Märchen und Traum – die Elternfiguren darstellen: „... König und Königin stellen wirklich zumeist die Eltern des Träumers dar, Prinz oder Prinzessin ist er selbst." [65] Freud weist auf die Parallele von Traum- und Märchenbild, die sich in unserm Fall auch auf das symbolische Puppenspiel übertragen läßt. „Dämmert uns nicht die Einsicht, daß die vielen Märchen, die anheben: Es war einmal ein König und eine Königin, nichts anderes sagen als: Es waren einmal ein Vater und eine Mutter? In der Familie heißen wir die Kinder scherzhaft Prinzen, den ältesten aber den Kronprinzen. Der König selbst nennt sich Landesvater." [66] Die Entführungen und Verzauberungen, welche Königssohn und Prinzessin in den Puppenspielen wie im Märchen erleben und durchstehen müssen, sind Bilder für die seelische Entwicklung des Menschen auf seinem Weg zum Erwachsensein.

Im Zusammenspiel mit Hexe, Teufel und Kasper fügt sich das Auftreten von König, Königssohn und Prinzessin zu einem komplexen „inneren Welttheater", der Verbildlichung innerer Vorgänge, deren äußere Erscheinung die Auseinandersetzung der kindlichen Identifikationsfiguren bildet, die handelnde Begegnung von Königssohn, Prinzessin und Kasper mit den entwicklungshemmenden oder bedrohlichen Mächten Teufel, Hexe, Räuber im aktiven kindlichen Spiel oder – vor den Augen der Kinder – auf der Puppenbühne. Die psychologische Bedeutung von König, Königssohn und Prinzessin liegt somit in ih-

49

rem Anreiz als Identifikationsfiguren für das Kind. Vor allem bei Mädchen im Vor- und Grundschulalter kann man beobachten, daß sie sich selbst sowohl im aktiven Puppenspiel als auch bei Selbstdarstellungen in der Kindererziehung bisweilen gern mit der märchenhaften Gestalt der Prinzessin identifizieren und mit ihr und an ihr eigene Wunschvorstellungen, Antizipationen von Künftigem, aber auch Konflikte spielerisch darstellen. Die Gestalt der Prinzessin läßt sich natürlich leicht durch andere – wenn man will „zeitgemäßere" – Mädchenfiguren ersetzen, wie auch die Sinnbilder für Vater und Sohn nicht an die Gestalten von König und Königssohn gebunden sind, sondern durch beliebige männliche Puppen verkörpert werden können. Dennoch besitzen vor allem die Prinzessin als „ideale" Identifikationsfigur oder kindliches „Idol", aber auch König und Königssohn – (letzterer vor allem als Verzauberter, der erlöst werden muß, oder als Held, der selbst erlöst) – eine hohe symbolische Attraktivität. Auch Erwachsene vermögen sich der Wirkung der Königsgestalten nicht völlig zu entziehen, wie die Nachfrage nach Zeitungsberichten über einheimische und exotische Fürstenhäuser und deren Schicksale und Skandale zur Genüge zeigt.

8. Seppel und Gretel

Seppel und Gretel sind keine selbständig agierenden Figuren. Seppel ist Kaspers Freund und Spielkamerad, Gretel Kaspers Frau, Schwester oder Gefährtin. Beide werden nur im Zusammenspiel mit dem Kasper wirksam; Gretel erscheint – wie auch die Großmutter – bisweilen nur in Kaspers Worten und wird auf der Bühne überhaupt nicht sichtbar. In manchen Fassungen des Puppenspiels vom Doktor Faust, wenn am Ende des Stückes Kasper Nachtwächter in Mainz ist, kommt Gretel – ohne Bedeutung für den Handlungsablauf – als Kaspers Frau vor und verprügelt ihren Mann, damit Kasper beim nächsten Stundenruf sagen kann: Hört, ihr Leut, und laßt euch sagen, meine Frau hat mich geschlagen!

Seppel hat die Funktion des Gesprächspartners und Begleiters des Helden. Solche Begleiter des Helden finden wir auch im Abenteuer- und Kriminalroman, stellenweise auch im Märchen. Der Begleiter hat die Funktion, den Gedanken des Helden sein Ohr zu leihen und durch seine eigene Begriffsstutzigkeit und Dummheit die Klugheit des Helden in noch deutlicherem Glanz erstrahlen zu lassen. Bisweilen liegt seine Aufgabe auch darin, der sonst ernsten Handlung Humor zuzufügen. Anschauliche Beispiele hierfür sind die Beziehung von A. C. Doyles[67] berühmtem Detektiv Sherlock Holmes zu seinem Freund und Chronisten Dr. Watson oder die Freundschaft von Kara Ben Nemsi und Hadschi Halef Omar in den Reiseerzählungen von Karl May[68]. Im Puppenspiel ist Seppel häufig der Einfältige, der durch seine Torheit Verwirrung stiftet, die dann durch Kaspers Mut und Schlauheit wieder in Ordnung gebracht wird. Es kann aber – allerdings seltener – auch umgekehrt sein: Kasper ist der Dumme und muß sich von Seppel belehren und leiten lassen.

Für die Kinder sind Kasper und Seppel Projektions- und Identifikationsfiguren, die besonders dann Bedeutung gewinnen, wenn in einem Stück der Kasper stark magische, märchenhafte und irreale Züge aufweist und dabei im Spiel sehr dominiert. Seppel und Gretel sind dann die Vertreter des realen kindlichen Erlebnisbereichs oder, psychologischer gesagt: Figuren des Tagesbewußtseins, des realen Ich, indes Kasper vielleicht eher als die Verbildlichung der unbewußten Dynamik des kindlichen Seelenlebens angesehen werden kann.

9. Tiere

„Seit je gehören Mensch und Tier zusammen wie Himmel und Erde. Davon künden der Schöpfungsbericht wie auch die ältesten Kulturdokumente. Das Tier ist Partner und Freund, aber auch Widersacher und Feind. In dieser Doppelrolle erfährt der Mensch von Anfang an das Tier."[69]

In dieser Doppelrolle erscheint das Tier auch im Puppenspiel. Krokodil, Löwe und Hund u. a. begegnen dem Kasper auf seinen Abenteuern oder begleiten ihn als Freund. Wohl die bekannteste Tierfigur im Kasper-Theater ist das Krokodil, mit dem wohl ursprünglich die mythische Gestalt des Drachen gemeint ist. Der Drache ist ein dämonisches Tier, „ein urtümliches Bild ältester kaltblütigster Vitalität, eines Lebens von verschlingendem Charakter ..."[70] und im Traum eine der Darstellungsformen des Unbewußten. Der Kampf des Helden mit dem Drachen wie der Kampf Kaspers mit dem Krokodil ist ein Bild der Auseinandersetzung des Menschen mit seinen eigenen unbewußten Kräften, Trieben und Bedürfnissen. „Der Drachenkampf ist auch ein Symbol echten Erwachsenwerdens – wobei der zu besiegende Drache gelegentlich auch die Mutter meint, die ihre Kinder nicht aus ihrer gewalttätigen behaltenwollenden Liebe entlassen kann."[71] Auf die weibliche Komponente des Drachenbildes weist auch die vielfache Verwendung des Wortes im Volksmund. Der Drache ist in dieser Sicht ein Bild zunächst entwicklungshemmender Kräfte, die aber dem siegreichen Helden, der sie überwindet, als dienende Energie zur Verfügung stehen. Die Kraft des Drachen ist zugleich „böse" und „gut", bedrohlich und heilsam, verschlingend und schützend. Neben dem bedrohlichen Drachen gibt es in der ostasiatischen Kultur auch den glückhaften Drachen, und das Bild des Drachenkopfes bedeutet Mannbarwerdung und Erwachsensein[72]. Auch das – im Puppentheater nicht vorkommende – kleinere Abbild des Drachen, die Eidechse, weist im Aberglauben noch eine solche Doppeldeutigkeit auf: sie kann Glück oder Verderben bringen, kann verhexen oder beschützen.

Der Löwe ist der König der Tiere, ein Symbol der Sonnenkraft voller Würde und Wildheit, einerseits hilfreich, großmütig und glückbringend, zum andern unbarmherzig, blutrünstig und raubgierig. In beiden Bedeutungen erscheint er in der Fabel und im Märchen. Als Bild seelischer Vorgänge verkörpert er die Triebenergie in ihrer bedrohlichen Form. Aeppli meint, der Löwe finde sich besonders häufig, „in den Träumen der Menschen, die auf der Mittagshöhe ihres Lebens stehen und die, sollen sie reifen, nun durch die Glut intensiven inneren Feuers zu gehen haben. Da begegnen sie oft einer ungebändigten inneren Seelenenergie, mit der sie sich auseinandersetzen müssen wie die Helden der Mythen mit dem Löwen."[73] Eine ähnliche symbolische Bedeutung hat der Löwe auch in den Heiligenlegenden. Er verschont den Heiligen, der ihm zum Fraß vorgeworfen wird und schmiegt sich an ihn: Der Heilige hat seine eigenen vitalen Kräfte bezwungen und seinen geistigen Energien untergeordnet. In der Plastik des Mittelalters finden sich Darstellungen des auf Löwe und Drachen tretenden Christus, in der asiatischen Kunst Bilder des auf dem Tiger reitenden Buddha – beides Darstellungen dieses innerseelischen Zusammenhangs.

Im Puppentheater ist der Löwe häufig ein Freund des Kasper, bisweilen trägt er komische oder heitere Züge und weist in der Verbindung mit der Kasperfigur auf das Zusammenspiel und die Auseinandersetzung der sich entfaltenden seelischen Funktionen, deren Entwicklungsziel die Integration dieser Kräfte in die reife Persönlichkeit ist.

Der Hund, das Tier, das dem Menschen seelisch besonders nahesteht, ist Begleiter, Wächter und Jäger. Aeppli nennt ihn das Bruder-Tier des Menschen. Aber der Hund ist in seiner psychologischen und symbolischen Bedeutung ebenso ambivalent wie der Löwe: er kann beschützen und bedrohen. Er ist der treue Wächter, aber in Goethes Faust finden wir als des „Pudels Kern" den Teufel. Oft trifft er als Totenbote oder als Schatzhüter auf oder wird mit dem vergrabenen Schatz bildhaft gleichgesetzt, worauf die Redensart „hier liegt der Hund begraben" möglicherweise hinweist. „Als das älteste Haustier dem Menschen vertraut, ist er doch von abergläubischer Scheu umgeben. Seinem überaus feinen Spürsinn schreibt man dämonische Kraft zu; er kann Zukünftiges erfahren, sieht Geister um sich, sein Bellen, Winseln und Heulen verkünden Unheil und Tod."[74]

Im Puppentheater kann der Hund in seiner ganzen Ambivalenz auftreten, am ehesten aber – vor allem für das Kind – als spielerischer, heiterer oder beschützender Gefährte des Kasper.

Schon früh in seiner Entwicklung – etwa am Ende des ersten Lebensjahres – kann das Kind zwischen einem lebenden Tier und einem Stofftier unterscheiden, aber erst mit etwa vier Jahren sucht das Kind den Spielpartner im Tier. Am Ende des Vorschulalters und im Grundschulalter zeigt das Kind im allgemeinen eine positive Einstellung zum Tier; kleine Hunde, Katzen, Goldhamster, Kaninchen sind besonders beliebt, weil man sie streicheln und gern haben kann[75]. Kinder halten Tiere für ihresgleichen und identifizieren sich besonders leicht mit ihnen. Die Ambivalenz des Tieres ermöglicht ihnen, ihre positiven und ihre negativen gefühlshaften Strebungen und Impulse spielerisch auf das Tier zu projizieren, und der „Umgang mit Tieren kann ... eine Fülle von Gefühls- und affektiven Erlebnissen verschiedener Art und verschiedenen Grades bedeuten: Freude und Schmerz, Erwartung und Enttäuschung, Zuneigung und Abneigung, Mut und Verzagtheit, Mitfreude und Mitleid, Selbstgefühl und Reue, Zutrauen und Furcht ... Überlegenheit und Beschämtheit, um nur einige polare Gegensätze zu nennen, zwischen denen eine Skala verschiedener Gefühle möglich ist. So gewinnt das Tier für die seelische Entfaltung ... eine wichtige Funktion als Anreger reaktiver Gefühle und Affekte"[76].

Das Tier ist ein Bild des Menschlichen; Tiere sind, wie die vielen Tierfabeln und anderen Tierdichtungen von Äsop bis Lessing und Wilhelm Busch zeigen, Projektionsobjekte für den Menschen, sie sind Bilder für bestimmte seelische Grundhaltungen und Wesensmerkmale.

So können sich im aktiven Spiel mit Tierpuppen besonders gut diagnostische Hinweise auf verborgene Vorstellungen und Gefühle des Kindes ergeben, für das spielende Kind selbst aber auch eine Reihe von Möglichkeiten, solche Gefühle, Konflikte oder Ängste auf der Ebene des symbolischen Rollenspiels mit der Projektionsfigur Tier „abzuhandeln", Wege affektiver Bewältigung zu suchen und sich hierbei, wie Freud sagt, „zum Herren der Situation"[77] zu machen.

10. Typologisch nicht festgelegte Puppen

Neben den hier genannten und andern typischen Puppen (Richter, Lakai, Koch usw.) ist eine Fülle von Figuren denkbar, die vom Typ her offen und weniger festgelegt sind, z. B. Zauberer, Fee u. a., sowie neutrale Puppen, die man für die verschiedensten Rollen verwenden kann. Dazu gehören Figuren, die junge und alte weibliche und männliche Personen darstellen, große und kleine Kinder. Besonders auch Menschen mit anderer

Hautfarbe gehören dazu, und es ist pädagogisch sinnvoll, z. B. als Gefährten und Freund des Kasper die Figur eines farbigen Kindes zu nehmen. In den alten Kasper-Stücken des vorigen Jahrhunderts wurden Schwarze meist als Urwaldbewohner, kannibalische Wilde oder auch als edle oder grausame Mohrenkönige dargestellt. Das gemeinsame Leben von Weißen und Farbigen, einheimischen und ausländischen Kindern in der heutigen Gesellschaft bietet zahlreiche Themen für realistische oder märchenhaft gestaltete, heitere und ernste Spielszenen.

Für jüngere Kinder ist der feste Typus einer Figur von geringerer Bedeutung; sie spielen mit nahezu jeder für sie attraktiven Puppe jede beliebige Rolle und projizieren Gefühle und Vorstellungen auf alles, was sich bewegt und spielerisch zu einem „personalen Gegenüber" oder einem momentanen Bild des eigenen Selbst werden kann.

IV. Das Puppenspiel als Symbolspiel und seine emotionale Bedeutung

Das folgende Kapitel richtet sich vor allem an psychologisch interessierte Leser. Es bringt tiefenpsychologische und entwicklungspsychologische Gesichtspunkte zur Spielsymbolik und Entwicklung des kindlichen Denkens und Erlebens.

In der Systematik der Spielformen ist das Puppenspiel dem Rollen-, Fiktions-, Illusions- und Symbolspiel sowie dem Rezeptionsspiel und z. T. auch dem Konstruktionsspiel zuzuordnen. Das symbolische Rollenspiel tritt mit den Anfängen der kindlichen Sprache auf und setzt die Fähigkeit des Kindes voraus, einen Gedanken, eine Vorstellung mit Hilfe eines Zeichens oder eines Symbols abzubilden. Der Begriff Symbol ist hier in zweifacher Weise zu verstehen: Einmal bedeutet er einfach Zeichen oder Semion, zum andern aber auch Sinnbild oder Symbol. Zeichen können z. B. Worte sein, Kinderzeichnungen oder nachahmende Spiele; sie drücken die Bedeutung eines Dinges, Ereignisses oder Gedankens aus; Symbol hingegen ist die bildhafte Darstellung eines komplexen, mehrdeutigen und mehrfach determinierten Zusammenhangs. Das Symbol ist komplexer und differenzierter als das einfache Zeichen: es enthält bewußte und unbewußte Anteile. Hinter dem scheinbar vordergründigen Inhalt eines nachahmenden Rollenspiels, der unmittelbar als Zeichen verstanden werden kann, verbirgt sich möglicherweise ein zweiter Inhalt, der sich im nur symbolisch deutbaren konkreten Handlungsablauf des Spiels bildhaft manifestiert. Wir können in diesem Zusammenhang auf die tiefenpsychologischen Versuche der Traum- und Märchendeutung verweisen: „Hinter dem manifesten Trauminhalt steht ein latenter Traumgedanke, der sich in den Symbolen des manifesten Trauminhalts ausdrückt; hinter dem manifesten Märcheninhalt steht ein ebenso latenter Märchengedanke, der sich in den Geschehensabläufen des Märchens symbolisch äußert."[78] Und – so kann man hinzusetzen – hinter dem manifesten Spielinhalt steht häufig ein latenter Spielgedanke, der sich symbolisch in den Handlungselementen des fiktiven Rollenspiels abbildet. Das Symbol vereinigt Gegensätzliches und scheinbar Unvereinbares; es stellt den Gegenstand und gleichzeitig sein Gegenteil dar. Das Symbol ist, wie Goethe sagt, „die Sache, ohne die Sache zu sein, und doch die Sache; ein im geistigen Spiegel zusammengezogenes Bild, und doch mit dem Gegenstand identisch"[79]. Kindliche Fehlentwicklungen und neurotische Symptome können symbolische Züge aufweisen, und man könnte sagen, das besondere, bezeichnende Merkmal in der Erscheinungsweise einer Neurose sei ihr symbolischer Charakter. H. Zulliger sagt: „Die Neurose ist eine Haltung des aktuellen Ichs, das mit den Triebwünschen einerseits, andererseits mit den Überichforderungen nicht fertig geworden ist; das neurotische Symptom bedeutet in einer Verkleidung sowohl eine Trieberfüllung als auch die selbstauferlegte Strafe als Gewissensreaktion dafür."[80] Auch das kindliche Symbolspiel kann äußeres Bild einer inneren Auseinandersetzung zwischen Triebwünschen und Gewissens- oder Überichreaktion und so gleichzeitig Symbol und Symptom sein.

In den ersten Rollenspielen zu Beginn des 2. Lebensjahres wiederholt das Kind nachahmend eigene und dann fremde Verhaltensschemata (Schlafen, Essen, Rauchen usw.) in einer „Quasi-Realität"[81]. Hierbei kommt es im Laufe der Entwicklung auch zur Umdeutung von Dingen und der Verwendung von Symbolen im Sinne von Zeichen für einen gemeinten Gegenstand. Ein Stück Holz kann eine Puppe sein, ein Stuhl ein Auto. Lebloses erhält spielerisch Leben, Dinge werden beseelt und treten mit dem spielenden Kind in rasch wandelbare, phantasievolle Interaktion. Auch sich selbst kann das Kind verwandeln: je nach den Erfordernissen und dem Sinn des Spiels ist es Tier, Blume, Engel oder Straßenbahn. Die Inhalte solcher Spiele sind Nachahmungen von Erlebtem und Gesehenem; durch Setzung willkürlicher Zeichen und durch symbolische Darstellung im oben genannten zweifachen Sinn wiederholt das Kind aktuelles Geschehen und Erleben im Spiel. Claparède sagt, das Spiel sei eine „libre poursuite de buts fictifs"[82]. Es ist immer wieder darüber nachgedacht worden, ob sich das Kind hierbei ganz und gar mit seiner Rolle identifiziere und dabei die bewußte Beziehung zur Realität verliere oder ob das Spiel eher einer „Als-ob-Situation" gleichkomme, in die das Kind nach eigenem Willen eintrete und sich dabei der spielhaften Quasi-Realität bewußt sei. Vieles spricht für die Annahme, daß das Kind des spielerisch-phantasievollen Umgangs mit beiden Realitätsebenen – des Spiels und der Wirklichkeit – fähig sei, daß es den Ausgang in die Realität des Tages und der konkreten Dinge immer halbbewußt im Blick habe und ihn bisweilen eilig benutze, um aus der Wirklichkeit des Spiels, die von Bedrohungen und Ängsten eigener Art besetzt ist, sicher zu entkommen. Denn im Spiel werden nicht nur harmlose oder neutrale, alltägliche Beobachtungen und Erlebnisse des Kindes wiederholt und verarbeitet, sondern „man sieht, daß die Kinder im Spiel alles wiederholen, was ihnen im Leben großen Eindruck gemacht hat, daß sie dabei die Stärke des Eindrucks abreagieren und sich sozusagen zu Herren der Situation machen"[83]. In ähnlicher Weise drückt dies L. Schenk-Danzinger aus, wenn sie darauf hinweist, daß ein „beträchtlicher Teil des Rollenspiels – bei manchen Kindern zeitweise der überwiegende" – affektbesetzte Situationen wiederhole und damit der emotionalen Anpassung und der Kompensation unlustvoller Erlebnisse diene.[84]

Noch umfassender und allgemeiner drückt dies Claparède aus: „Mais pourquoi le moi recourt-il ainsi à la fiction? C'est évidemment parce que les circonstances réelles ne sont pas de nature à toujours satisfaire ses tendances profondes. Le jeu a pour fonction de permettre à l'individu de réaliser son moi, de déployer sa personnalité."[85] Realisierung des Ich und Entfaltung der Persönlichkeit stoßen in der realen Umwelt jedes Menschen auf Hindernisse. Die Einschränkung von Bedürfnissen, das Erleben von Schuld, die Unterdrückung aggressiver Impulse und das dynamische gleichzeitige Gegeneinander widerstreitender unvereinbarer Strebungen zwingen das Individuum in die „Wirklichkeit der Fiktion". Hier ist das Spiel aufs engste mit dem Traum verwandt. Das Kind – wie auch der Erwachsene – sucht in der Fiktion „eine Korrektur der unbefriedigenden Wirklichkeit."[86]

Innerhalb der kognitiven Entwicklung des Kindes steht das symbolische Rollenspiel dem Bereich des Magischen, Physiognomischen und des kindlichen Anthropomorphismus nah. „Jeder dieser miteinander verwandten Begriffe bezeichnet ein bestimmtes Merkmal der kindlichen Denkstruktur im Vorschulalter, und jedes dieser Merkmale steht in enger Beziehung zu Spiel, Märchen, Phantasie, Vorstellung, Sprache, zeichnerischem Gestalten und Traum des Kindes."[87]

Der Begriff des Physiognomischen besagt, daß die Dinge der Wahrnehmungswelt dem Kinde mit einer freundlichen oder feindlichen, bedrohlichen, unheimlichen oder auch vertrauenerweckenden Physiognomie begegnen. In solcher Begegnung „vermenschlicht" oder „verlebendigt" das Kind die leblosen Dinge, legt ihnen menschliche Regungen und Neigungen bei, die es aus seinem eigenen Erleben heraus in sie „hineinprojiziert". Um bei solcher Belebung der Wahrnehmungswelt ihren Erscheinungsformen und Gegenständen nicht hilflos ausgeliefert zu sein, entwickelt das Kind (und auch der Erwachsene noch) als aktive Komponente dieser Denkstruktur magische Praktiken zur Sicherung, Abwehr von Bösem mit der Absicht, den Ablauf der Dinge günstig zu beeinflussen. Magische Praktiken lassen sich in vielen Symbolspielen beobachten, aber auch in scheinbar neutralen, konkreten alltäglichen Handlungsweisen. Kinder nehmen Teddybären als Begleiter, damit ihnen „nichts passiert", glauben an Nikolaus und Osterhasen und versuchen diese durch „Bravsein" günstig zu stimmen; wenn sie sich weh tun, bläst die Mutter die „böse" Stelle und sagt „Heile, heile Segen …" Talismane und Amulette in Form von Anhängern, Ringen, Kleeblättern, Hufeisen usw., Horoskope und Orakel spielen auch im Leben der Erwachsenen noch eine nicht unbedeutende Rolle.

Grundlage des magischen Denkens und Handelns ist die komplexe Einheit von Umwelt und Ich: „Die Umwelt ist weniger sachlich vom Ich getrennt, sie ist vielmehr durch das Ich, seine Affekte und Strebungen gestaltet. Ebenso ist aber auch umgekehrt das Ich in höchstem Maße gestaltbar und beeinflußbar durch die Umwelt. Die Folge der Ichhaftigkeit der Umwelt ist eine eigentümliche ‚Beseelung' der Dinge derart, daß sie aufhören, starre und tote Gegenstände zu sein, zu wirkenden Wesen werden."[88]

Die Beseelung der Dinge durch das Kind läßt sich bei seiner Begegnung mit dem Puppenspiel besonders gut beobachten. Auch Kinder, die selbst Puppen besitzen und gewohnt sind, damit zu spielen, halten Figuren, mit denen ein Erwachsener – selbst unsichtbar hinter einer Schirmbühne oder einem improvisierten Aufbau – ihnen etwas vorspielt, bisweilen für lebende Wesen und scheuen sich, nach dem Spiel die bewegungslos daliegenden Puppen zu berühren oder in die Hand zu nehmen. Die magisch-anthropomorphistische Denkstruktur des Vorschulkindes, die auch im Grundschulalter nicht völlig verschwunden ist, bildet die Grundlage für die hohe Wirkung des Puppenspiels auf Kinder dieses Alters.

Wie oben schon angedeutet, kann man das Puppenspiel auch zu den sogenannten Rezeptionsspielen zählen. Dazu gehören das Anschauen von Bilderbüchern, das Anhören von vorgelesenen oder erzählten Märchen und Geschichten und auch mehr und mehr das Fernsehen. Puppenspiel ist nur dann reines Rezeptionsspiel, wenn das Kind z. B. ein Kasper-Theater besucht und dabei ein Puppenstück mit festem Text aufgeführt wird, ohne daß die Puppen mit den Kindern improvisatorisch sprachlichen Kontakt aufnehmen und sie auf diese Weise aktiv Einfluß auf den Ablauf der Spielhandlungen nehmen lassen. Über die verschiedenen offenen und geschlossenen Spielformen, welche den kindlichen Zuschauer mit in die Handlung einbeziehen oder davon ausschließen, wird in den folgenden Abschnitten noch die Rede sein.

Züge des Konstruktionsspiels weist das Puppenspiel dann auf, wenn Kinder die Puppen zu ihrem Spiel selbst herstellen, sei es spontan oder auch aufgrund eines vorgefaßten Plans und vorheriger Benennung des Produkts.

Ein anschauliches Beispiel aus seiner psychotherapeutischen Praxis hierfür gibt H. Zulliger:

„Ein Elfjähriger hatte mir die Gestalt des Teufels unter meinen Kasperlefiguren vollständig demoliert. Die Hörner hatte der Bub abgequetscht, die Augen mit dem Messer ausgestochen, die Wangen mit dem Hammer traktiert, das dunkle Gewand zerrissen, die Arme ausgerissen. Auf so klägliche Art hergerichtet, mußte der arme Teufel seine Rolle in den selbsterfundenen Stücken des Buben spielen, wurde immer neu verprügelt und geschunden; schließlich mußte der Teufelskopf als Puck beim Hockeyspiel dienen; eines Tages jedoch schlug mir der Bub vor, wir wollten einen neuen Teufel herstellen; wir machten also einen Brei aus Zeitungspapier, das wir in kleine Fetzen gerissen, gaben dem Wasser ein wenig Stärkekleister bei, nahmen nach einiger Zeit die weichen Papierballen heraus, formten sie zu Teufelsköpfen und stellten sie zum Trocknen auf. Anläßlich der nachfolgenden Sitzung überzogen wir die grauen Köpfe mit weißem Seidenpapier, das sich dann mit Temperafarben leicht bemalen ließ. –

Und jetzt war auf einmal für den Buben das Herstellen, das Gestalten interessanter geworden als das Zerstören. Er schuf sich ein vollständiges Kasperlespiel, nahm es heim, lud andere Kinder als Mitspieler und Zuschauer zu sich ein, schleppte es in die Schule und gab dort Vorstellungen. Und auf einmal hatte der Bub, der vorher ein völlig vereinsamtes Kind und ohne Freunde gewesen war, bissig und aggressiv gegenüber seinen Schulkameraden, den Zugang zu anderen gefunden."[89]

Um die Erforschung der emotionalen Bedeutung des Spiels für die Entwicklung des Kindes hat sich vor allem die Psychoanalyse bemüht. So beschreibt Erikson das Spiel als die kindliche Art und Weise, „schwierige Erlebnisse zu überdenken und nachträglich zu lösen, um das Selbstbewußtsein wiederherzustellen. In ähnlicher Weise versuchen wir als Erwachsene, Erfahrungen, die uns stark belasten, durch wiederholte Gespräche mit anderen, durch Nachdenken oder auch in Träumen und Tagträumen so lange zu bearbeiten, bis eine befriedigende Lösung vorliegt."[90]

Das Kind macht sich im Spiel, wie Freud sagt, „zum Herren der Situation". Das kann z. B. dadurch geschehen, daß es sich bei einer stark empfundenen Angst mit dem Objekt seiner Angst identifiziert. Man kann dies beobachten, wenn Kinder selbst „Nikolaus" oder „böser Hund" spielen und sich so mit dem „Angreifer identifizieren", um ihre Angst abzuwehren.

Einige solcher Möglichkeiten der Rollenübernahme und Spielgestaltung durch das Kind werden von L. Peller dargestellt. Sie lassen sich wie folgt auch auf das Puppenspiel anwenden.[91]

1. Wahl eines bewunderten Objekts

Das Kind identifiziert sich mit jemand, dem es ähnlich sein möchte, den es bewundert. Es kann dabei selbst diese Rolle spielen oder aber auch symbolisch durch eine Puppe verkörpern, z. B. den Kasper, Zauberer oder Königssohn.

2. Wahl eines angstauslösenden Objekts

Ein Kind identifiziert sich z. B. mit einer realen oder fiktiven angstauslösenden Person, wie z. B. „Onkel Doktor" oder

„Nachtfrau", schlüpft selbst oder in symbolischer Darstellung mit einer Puppe in deren Rolle und macht sich so aktiv zum „Herren der Situation".

3. *Abreaktion von Frustration an anderen Objekten*
Bisweilen zeigt sich im Puppenspiel, daß ein Kind Versagungen, die es von einem Objekt in der Realität widerstandslos hinnahm oder hinnehmen mußte, an Figuren des Spiels ausgleicht. Es rächt sich symbolisch an anderen Objekten und wählt im Puppenspiel häufig Figuren, die dem gemeinten Objekt in Spielfunktion oder Symbolbedeutung ähnlich sind.

4. *Prophylaktische Aggression aus Schuldgefühl*
Kinder mit starken Schuldgefühlen versuchen im selbst gespielten Puppenspiel der erwarteten Bestrafung dadurch zuvorzukommen, daß sie sich dem Aggressor gegenüber aggressiv verhalten. „Aber auch umgekehrt kann ein Kind im Spiel mit einer Puppe extrem freundlich und lieb sein, weil es damit demonstrieren will, daß es statt einer Bestrafung eher Freundlichkeit erwartet."[92]

5. *Wahl eines glücklichen Spielausgangs*
Versagungen, Mißerfolge, konflikthafte Situationen in der Familie, Angst vor der Schule usw. kann das Kind im Puppenspiel symbolisch zu bewältigen suchen, indem es die belastende Situation nicht nur dramatisch darstellt, sondern gleichzeitig zeigt, wie es sich die Lösung wünscht.

In phantastischer Einstellung, Larvierung und Verkleidung der Realität bearbeitet es spielerisch seine Konflikte, versucht seine Bedürfnisse zu befriedigen und sein „Gleichgewicht" wiederherzustellen. Die Dramaturgie des vom Kind selbst empfundenen und gespielten Puppenstücks entspricht der Dramaturgie des Konflikts und das „Happy-End" – wie im Märchen – der gewünschten Lösung, „Erlösung" und Befreiung.
Als Zuschauer im Rezeptionsspiel Puppentheater kann das Kind bei entsprechenden Spielinhalten emotionale Vorgänge auf die vorgegebene Spielhandlung projizieren und dabei

ebenso emotionale Hilfe erlangen, vor allem weil bei Kindern infolge der noch nicht vollzogenen Trennung von Ich und Außenwelt, von Bewußtem und Unbewußtem, das Puppenspiel einen hohen Grad von Realität und Authentizität besitzt.

Neuere Forscher betonen die enge Beziehung zwischen Phantasietätigkeit und Spiel des Kindes sowie die große Bedeutung der schöpferischen Phantasie als Funktion der fiktiven illusionären Verarbeitung von Erlebnissen. Die Phantasie ist ein Regulator wie Traum und Spiel, und die psychische Tätigkeit des phantasievollen Tagträumens beim Kinde weist nicht nur pädagogisch negative Aspekte auf: Sie dient auch der Bearbeitung und Verarbeitung von Erfahrungen sowie der inneren Vorwegnahme künftigen Handelns, das mit all seinen Möglichkeiten kreativ „durchgespielt" wird.

Die enge Beziehung zwischen Phantasie und Spiel wird schon von Freud gesehen: „Sollten wir die ersten Spuren dichterischer Betätigung nicht schon beim Kinde suchen? Die liebste und intensivste Beschäftigung des Kindes ist das Spiel. Vielleicht dürfen wir sagen: Jedes spielende Kind benimmt sich wie ein Dichter, indem es sich eine eigene Welt erschafft oder, richtiger gesagt, die Dinge seiner Welt in eine neue, ihm gefällige Ordnung versetzt. Es wäre dann unrecht, zu meinen, es nähme diese Welt nicht ernst, im Gegenteil, es nimmt sein Spiel sehr ernst, es verwendet große Affektbeträge darauf. Der Gegensatz zu Spiel ist nicht Ernst, sondern – Wirklichkeit. Das Kind unterscheidet seine Spielwelt sehr wohl, trotz aller Affektbesetzung, von der Wirklichkeit und lehnt seine imaginierten Objekte und Verhältnisse gerne an greifbare und sichtbare Dinge der wirklichen Welt an. Nichts anderes als diese Anlehnung unterscheidet das ‚Spielen' des Kindes vom ‚Phantasieren'."[93]

M. A. Spencer-Pulaski[94] weist in einer Untersuchung darauf hin, daß sehr phantasievolle Kinder größere Spielfreude, mehr spontane Äußerungen und Gestaltung des dramatischen Aufbaus zeigen als weniger phantasievolle Kinder. „Das gilt insbesondere für das Illusionsspiel, da sich gerade hier die Gelegenheit bietet, eine äußerlich gegebene (evtl. unerfreuliche) Situation durch die Einbeziehung innerer Reize (Phantasievor-

stellungen) anzureichern und auszugestalten."[95] E. Biblow
konnte in einem – allerdings nicht sehr kinderfreundlichen –
Experiment nachweisen, daß hoch phantasievolle Kinder fähig
sind, mit Hilfe der Phantasietätigkeit die Neigung zu aggressi-
vem Verhalten zu verringern.[96]
   Aus solchen und anderen Untersuchungen ziehen
S. Schmidtchen und A. Erb den Schluß, daß es „für die psychische Hygiene eines Kindes wichtig sei, phantasievoll und kreativ spielen zu können. Diese Möglichkeit findet das Kind
besonders im Rollen-, Illusions-, Fiktions- und Symbolspiel, in
dem es die objektiven Gegebenheiten (u. a. konflikthafte Situationen) seiner Umwelt nach Belieben umstrukturieren kann, um
spielend verschiedene Bewältigungsmöglichkeiten herauszuar-
beiten. Wenn ein Kind nicht phantasievoll spielen kann, so muß
dies als ernstes Zeichen gewertet werden, und Eltern und Erzieher sollten sich um die Möglichkeit bemühen, die Spieltätigkeit
anzuregen."[97]
   An dieser Stelle sei noch kurz auf entwicklungspsychologische Aspekte des Puppenspiels hingewiesen. Zu der Frage, in
welcher Weise sich das symbolische Spiel und das damit verbundene Denken des Kindes im Lauf des Vor- und Grundschulal-
ters verändere, unterscheidet M. Rambert in ihrem Buch „Das
Puppenspiel in der Kinderpsychotherapie"[98] bis zum Alter von
10 Jahren vier einander überschneidende Phasen kindlichen
Symboldenkens, die sie auf die Entwicklung des aktiven Puppenspiels beim Kind bezieht. Ihre Gedanken und Beobachtungen stammen zwar aus der psychotherapeutischen Praxis und
dem Umgang mit entwicklungsgestörten Kindern, lassen sich
aber formal auf den allgemeinen „normalen" Entwicklungsver-
lauf des kindlichen Interesses am Puppenspiel übertragen, der
hauptsächlich die Zeit vom 3. bis 10. Lebensjahr umfaßt, aber
auch noch darüber hinausreicht.

1. Die Phase des gemimten Symbols (bis 5. Lebensjahr)
   In diesem Alter kann das Kind im allgemeinen seine Erlebnisse und Konflikte noch nicht in einer symbolischen Geschichte ausdrücken. „Es versucht es manchmal, aber die
Handlung kommt vor dem Wort und hindert das Denken,

sich auf verbaler Ebene auszudrücken."[99] Auf dieser Stufe spielt das Kind eher selbst spontan sein Rollenspiel, als seine affektive Situation auf das Spiel mit Puppen zu projizieren.

2. *Die Phase der symbolischen Identifikation* (5 bis 6 Jahre)
„Ungefähr ab einem Alter von fünf Jahren ist das Kind fähig, seinen Konflikt in eine Zeichnung oder in eine Geschichte zu projizieren. Im Gegensatz zur vorhergehenden Phase ist es selber nicht mehr der Akteur. Es stellt seinen Konflikt mit Hilfe der Kasperlepuppen dar, denen es die Namen der Familie gibt."[100] M. Rambert meint, daß das Kind in diesem Alter seine aktiven Spiele weniger in die Fiktion verlagere, sondern im Spiel eher eine wirklichkeitsgetreue Darstellung z. B. häuslicher Verhältnisse gebe und dabei gewünschte Lösungen aufzeige und so das Spiel in den Dienst der eigenen Ich-Erweiterung stelle.

3. *Zwischenphase* (6 bis 7 Jahre)
„In der Zwischenphase gibt das Kind den Puppen nicht mehr die Namen seiner Familie; es läßt symbolische Wesen auftreten, wie den Teufel und die Hexe."[101] Hier steht die Identifikation des Kindes mit den Gestalten des Puppenspiels im Mittelpunkt.

4. *Phase der differenzierten Symbole* (7 bis 9 Jahre)
In dieser Phase ist das Kind nicht mehr so stark an eine bestimmte Puppe fixiert. Es kann – wie ein guter Schauspieler – die Rollen tauschen. Während es in der Zwischenphase an das Spiel gebunden war, um seine Gedanken und Vorstellungen zu äußern, beherrscht es in dieser Phase das Spiel, „und die Figuren dienen ihm als Ausdrucksmittel"[102]

Im ganzen gesehen, beschreiben diese Phasen, die nur einen relativ engen Aspekt des kindlichen Symbolspiels mit Puppen erfassen, ein Fortschreiten des Spiels von einer eher diffus-ganzheitlich-unmittelbaren Spielform zu einer gegliedert-differenzierten Form mit abnehmender Rigidität, wie dies auch bei der Entwicklung der Kinderzeichnung zu beobachten ist. Je älter das Kind ist, desto bedeutsamer ist dabei die Rolle der Verdrängung von Konflikten sowie die damit verbundene, zur Selbstentlastung notwendige differenzierte Verschlüsselung und mehrfache Bedeutung von Handlungsabläufen und Figuren des Spiels.

Bietet man Kindern jüngeren Alters verschiedene Puppen zur Wahl, so greifen sie nach der für sie attraktivsten Figur, spielen aber mit ihr ohne Rücksicht darauf, was diese Puppe verkörpert: Erscheinungsbild und Spielfunktion brauchen nicht übereinzustimmen. Erst mit weiterer Differenzierung des Denkens weicht dieser global-diffuse Gebrauch der Puppe ihrer gezielten erscheinungs- und funktionsgemäßen Verwendung.

Das gemeinsame Entwickeln und Durchhalten einer Spielhandlung mit Puppen fällt Kindern um so schwerer, je jünger sie sind. Bei Kindern im Alter von fünf bis sechs Jahren findet man meist ein egozentrisches Nebeneinanderspielen ohne wirkliche Kooperation, während Kinder auf der Stufe der differenzierten Identifikation mehr und mehr dazu in der Lage sind, eine Spielhandlung mit selbstgesetztem Spielziel gemeinsam zu verfolgen und durchzuhalten.

H. Böttcher[103] hat in verschiedenen Kindergärten die Möglichkeiten des Handpuppenspiels unter entwicklungs- und sozialpsychologischen Aspekten untersucht. Sie ging hierbei nach folgender Versuchsanordnung vor: Fünf- und sechsjährigen Kindern wurden verschiedene Puppen und Spielzeuge vorgelegt. Darunter befanden sich zwei Teufel, zwei Kasper mit verschiedenem Gesichtsausdruck, eine Großmutter, eine Prinzessin, ein Hase, eine Katze, ein Teddybär, ein kleines Auto, ein Schlumpf u. a. Die Kinder sollten frei wählen, mit welchen Puppen und Spielzeugen sie spielen wollten. Mit diesen von den Kindern gewählten Figuren spielte H. Böttcher „einen Konflikt an", d. h., sie spielte einen der vorher für den Versuch entworfenen Handlungsabläufe den Kindern vor, brach an der Stelle ab, an welcher der Konflikt sichtbar wurde und ließ nun jeweils zwei Kinder zu Ende spielen. Die Kinder sollten im improvisierten Spiel den Fortgang der Handlung erfinden und darstellen. Die übrigen Kinder fungierten als Zuschauer. H. Böttcher ging dabei von dem oben schon erwähnten Gedanken aus, daß die konflikthafte Situation „altersgemäße" Lösungsversuche anrege, „Aufforderungscharakter" habe und somit schöpferische Kräfte in Bewegung setze. Aus der Fülle der gespielten Konfliktsituationen seien hier vier dargestellt:

Konflikt 1
Personen: König, Prinzessin, Großmutter.

Die Großmutter bittet die Prinzessin, ein Päckchen zur Post zu bringen. Die Prinzessin sagt, sie habe keine Zeit. Da bittet die Großmutter den König, das Päckchen aufzugeben. Dieser begegnet der Prinzessin; beide beraten, wer es tun solle. Hier wird das Spiel unterbrochen; die beiden Kinder übernehmen die Handlung. Sie legen das Päckchen zur Seite und spielen (als König und Prinzessin) mit dem Spielzeug, das auf der Spielleiste liegt. Auf die Frage der im „Publikum" sitzenden Versuchsleiterin kommt die Antwort, der König habe das Päckchen zur Post gebracht. Danach spielen die beiden Figuren nur noch mit dem Spielzeug. Zwischendurch tritt zwar die Großmutter noch einmal auf, aber sie hat weder für den Fortgang der Handlung eine Bedeutung noch eine Beziehung zu König oder Prinzessin. Die Kinder beschäftigen sich egozentrisch und ohne gemeinsame Kooperation mit den für sie aktuellen und attraktiven Spielsachen; Päckchen und Post sind „kein Problem": Sie greifen es daher nur oberflächlich auf und lassen es schnell fallen.

Konflikt 2
Personen: Großmutter und Kasper.

Der Kasper hat den Schlumpf der Großmutter kaputtgemacht. Gleich hier wird das Stück unterbrochen und anschließend von den Kindern weitergespielt. Der Kasper jammert: „O je, der Schlumpf ist kaputt, dann werde ich ja eingesperrt!" Er will weglaufen, doch die Zuschauer raten ihm, den Schlumpf wieder zusammenzukleben. Er tut es und übergibt ihn der Großmutter. Nun schieben Großmutter und Kasper einander verschiedenes Spielzeug zu. Schließlich schlägt die Großmutter vor, gemeinsam Kaffee zu trinken. Die Spieler verabschieden sich. – Im Unterschied zu Konflikt 1 kommen die Kinder hier zu einer Kooperation, indem sie die Figuren einander das Spielzeug zuschieben und gemeinsam essen und trinken lassen.

Die Kooperation ist jedoch egozentrisch und nicht auf das gestellte Konfliktthema bezogen. Sie vollzieht sich im Bereich individueller, sodann gemeinsamer Bedürfnisse (spielen, essen, trinken), enthält dabei

aber auch schon deutlicher Elemente von Triebverzicht, d. h. hier: die
Fähigkeit, ein begehrtes Objekt herzugeben oder gemeinsam zu benutzen. Die Möglichkeit zur Erweiterung und Differenzierung der Inter-
aktionsformen ergibt sich nach und nach mit dem allmählichen
Zurücktreten der egozentrischen Tendenzen.

Konflikt 3
Personen: Großmutter, Hase, Katze.

Die Großmutter schickt den Hasen und die Katze zum Einkaufen. Unterwegs beginnen die beiden zu spielen und vergessen dabei völlig, was
sie einkaufen sollen. Sie überlegen, was am besten zu tun sei. Hier wird
das Spiel unterbrochen. Das Kind, das den Hasen spielt, sagt zur
Katze: „Ich gehe für dich einkaufen, du gehst so lange auf den Spielplatz." Die Zuschauer nennen hilfreich die Gegenstände, die einge-
kauft werden sollen. Der Hase sagt sie vor sich hin, geht einkaufen und
bringt die Sachen der Großmutter. Dann geht er auf den Spielplatz zur
Katze, und beide spielen gemeinsam.
  Das Spiel zeigt, wie mühelos Kinder sich mit Tieren identifizieren
und wie souverän sie sich auch „nicht passender" Figuren bedienen
können. Außerdem zeigt es Bereitschaft und Fähigkeit zur Kooperation sowie eine wahrscheinlich unbewußte oder halbbewußte Verhal-
tensstrategie: Das Kind, das den Hasen führt, ist – wie aus Berichten
der Erzieherin hervorgeht – in seinem Verhalten gegenüber andern
Kindern recht gehemmt und traut sich trotz starken Kontaktbedürfnis-
ses nur sehr selten, auf andere zuzugehen und selbst eine Beziehung
anzuknüpfen. Im vorliegenden Spiel jedoch ist es der aktiv-souveräne
Partner, aber auch derjenige, der dem andern selbstlos hilft. Zweierlei
läßt sich daraus ablesen: Einmal das Kontaktbedürfnis des Kindes, das
im Spiel durch eine Vorschußleistung versuchsweise befriedigt wird,
indem es das Einkaufen, in der Hoffnung nachher mitspielen zu dürfen, auf sich nimmt. Zum andern zeigt sich, daß der Aufforderungscharakter der Puppe so hoch ist, daß das Kind seine eigenen
Hemmungen überwindet und es „wagt" – zwar noch hinter dem schützenden Schirm der Bühne –, seine Gefühle und Gedanken in Worte zu
fassen und „von sich zu geben".

Konflikt 4
Personen: Zwei Teufel.

Ein Teufel kommt und zeigt dem andern sein neues Spielauto. Der andere zeigt ihm dafür seinen Teddybären, doch der erste Teufel sagt,

69

sein Auto sei viel größer und schöner als der Teddybär. Der zweite Teufel beginnt zu weinen. Hier wird das Stück unterbrochen, die Kinder spielen weiter.

Sie nehmen den vorgegebenen Dialog auf und versuchen, sich dabei gegenseitig zu übertreffen. Dann folgen Aussagen, wie „den Teddy hab' ich auf dem Schrottplatz gefunden" und „mein Auto hab' ich von der Großmutter", wobei deutlich Details aus dem Erleben der Kinder mit einfließen. Schließlich einigen sie sich überraschend, gemeinsam mit dem Auto zu spielen, was sie auch tun.

Das Spiel ist zunächst ein Abbild kindlicher Besitz-Rivalität, wie sie bis ins späte Grundschulalter (und auch noch späterhin) zu beobachten ist. Der konflikthafte Dialog verstärkt in jedem Spieler die Lösungssuche. Das Kind, das schließlich den Vorschlag macht, gemeinsam mit dem Auto zu spielen, gilt, wie die Erzieherin berichtet, in der Gruppe als Einzelgänger, der sich kaum an den Spielen der anderen Kinder beteiligt. In der hier beschriebenen Spielszene kommt sein heimlicher Wunsch nach Spielkontakt unverhüllt zum Ausdruck und bildet gleichzeitig für den Spielpartner wie auch für die Zuschauer die Präsentation eines positiven, nachahmenswerten sozialen Verhaltensmusters aufgrund einer kreativen Konfliktlösung. Daß dieses Stück mit Teufelsfiguren gespielt werden konnte, zeigt darüber hinaus die Unabhängigkeit der kindlichen Phantasie von der Physiognomie oder Erscheinungstreue der Spieldinge und die Beweglichkeit des Projektionsvermögens beim Kinde.

Im ganzen kann man aus den Beobachtungen H. Böttchers folgende Gedanken ableiten:

1. Kinder am Ende des Vorschulalters greifen im aktiven Puppenspiel angebotene Konflikte aus ihrem Erleben auf, stellen sie spielend dar und sind in der Lage, Lösungen zu suchen und z. T. auch zu finden.

2. Je jünger die Kinder sind, desto eher ist ihr Spiel ein egozentrisches „Nebeneinander" von einzelnen individuellen Spielhandlungselementen ohne Kooperation. Eine solche ergibt sich am leichtesten dann, wenn die Kinder ein gleiches gemeinsames Bedürfnis erleben.

3. Kinder, die beim sonstigen Spiel mit Gleichaltrigen im Sprechen und Handeln Hemmung und Zurückhaltung zeigen, sind oftmals beim Puppenspiel hinter dem „schützenden" Bühnenschirm (auch wenn dieser nur aus zwei Stuhllehnen

besteht) bereit und fähig, Gefühle und Gedanken sprachlich zu äußern und dabei konkrete Vorschläge zur Konfliktlösung zu finden.

4. Kinder des Vorschulalters sind beim symbolischen Illusionsspiel mit Puppen nicht vom äußeren Erscheinungsbild der Puppe abhängig. Sie können sich mit der handelnden Puppe identifizieren, ohne daß deren Physiognomie ein Hindernis bildet.

Andererseits kann gerade die Prägnanz der Puppenphysiognomie und ihre starke Typisierung auch zu gegenteiligen Beobachtungen führen. Bestimmte Erfahrungen, die ein Kind mit einem Puppentypus, wie Hexe, Räuber usw., beim aktiven Spielen oder anläßlich einer öffentlichen Aufführung gemacht hat, können in ihm die Neigung erzeugen, die Puppe nur und nicht anders als in einer bestimmten Funktion und Bedeutung zu sehen. So kann es schwierig sein, Kindern, die im Kasperlespiel die Hexe bisher als böse erlebt haben, eine nicht-böse, eher lustige Hexe im Rezeptionsspiel anzubieten. Die Verfasser erinnern sich an eine kleine, in engem Kreis stattfindende Aufführung vor nur wenigen Kindern, die – nicht eingeschüchtert durch feierlichen Saal und großes Publikum – die Hexe schon bei ihrem ersten Auftreten, bevor sie überhaupt zu Wort kam, niederschrien und mit überraschend bilderreichen Schimpfworten überschütteten. Sie hatten die Erfahrung gemacht, eine Hexe sei böse und wollten sich davon nicht abbringen lassen.

V. Falldarstellungen

Im folgenden soll versucht werden, die symbolische Bedeutung von Traum und Spiel für das Kind, seine Entwicklung und Erziehung anhand von Beispielen aus der Praxis darzustellen, an welchen sowohl verschiedene Formen als auch unterschiedliche Funktionen des Handpuppenspiels in der Erziehung sichtbar werden.

1. Zur Traum-Spiel-Analogie: Der Grießbrei-Traum

Der Grießbrei-Traum, der eigentlich besser Schokoladentorten-Traum heißen sollte, wird von W. Kemper in seinem Buch „Der Traum und seine Be-Deutung"[104] berichtet:

Ein dreijähriger Junge wird auf ärztliche Anordnung wegen einer Verdauungsstörung auf kohlehydratarme Kost gesetzt. Infolgedessen bekommt er seinen geliebten Grießbrei nicht. Die Speise, die man ihm dafür anbietet, lehnt er ab. In der Nacht darauf träumt er und berichtet am Morgen: „Ich habe heute nacht eine Schokoladentorte von Mutti gegessen."

Der Zugang zur Deutung des Traumes scheint leicht zu sein: Der Traum beseitigt imaginär das Hungergefühl, und durch diese „Scheinfütterung" wird es dem Kind ermöglicht weiterzuschlafen. Gleichzeitig wird dadurch die Versagung vom Vortag, welche das Kind durch den Verzicht auf den Grießbrei erlitt, ungeschehen gemacht.

Warum aber träumt das Kind von einer Schokoladentorte, wo es doch um den Entzug von Grießbrei ging? Die Antwort auf diese Frage kann man aus dem Trauminhalt allein nicht ablesen. Es bedarf hierzu der Mitarbeit des Träumers und der Kenntnis seines Lebensbereiches und seiner Vorgeschichte. Wir erfahren, daß er zu seinem letzten Geburtstag zum ersten Mal eine Schokoladentorte bekam und daß diese seither für ihn die Spitze aller Köstlichkeiten ist. In der Traumdeutung fortfahrend, könnte man sagen, daß der Traum nicht nur den Schlaf bewacht, das Hungergefühl imaginär gestillt und die Versagung kompensiert habe, sondern er habe die Verzichtleistung des Kindes durch eine Über-Kompensation ausgeglichen, indem er den guten Grießbrei durch die noch bessere Schokoladentorte ersetzte. So gesehen, wäre der Traum nicht nur ein Regulator, sondern eine psychohygienisch bequeme Technik der Wunscherfüllung. Aber wir erfahren von der Mutter des Jungen zusätzlich, sie habe ihm aus pädagogischen Gründen eine weitere Schokoladentorte versprochen, und zwar nicht erst zum nächsten Geburtstag, sondern er könne sie schon vorher bekommen, – dann nämlich, wenn er nicht mehr am Daumen lutsche.

Der Ersatz des Grießbreis durch die Traum-Schokoladentorte ist also von zweifacher Bedeutung: Er ist nicht nur eine Überkompensation der Versagung, sondern steht noch dazu in einer engen Beziehung zu dem zwischen Mutter und Kind bestehenden Konflikt wegen des Daumenlutschens. Und auch dieser Konflikt wird im Traum imaginär gelöst; denn die Schokoladentorte bedeutet ja symbolisch die Belohnung für das Aufgeben des Lutschens. Der Traum ist somit mehrfach determiniert. Zwar wird er durch den momentanen Körperreiz Hunger ausgelöst, aber dadurch kommt die bereits im kindlichen Träumer vorliegende Konflikthaftigkeit – die Auseinandersetzung mit der Mutter wegen des Daumenlutschens – in Bewegung und ins „Bild", und der Traum versucht, auch diesen weit größeren und belastenderen Reiz aufzufangen, zu bewältigen und sogar den bestehenden Konflikt imaginär zu lösen.

Die Beziehung des Traumes zum Spiel ist hier nicht zu übersehen. Der manifeste Trauminhalt kann wie der manifeste Spielinhalt Symbol für einen dahinter liegenden latenten Traum- und Spielgedanken sein. Beide können zur Darstellung von Konflikten, aber auch zu ihrer Überwindung dienen.

2. Das Puppenspiel als diagnostische und pädagogische Hilfe: Kasper und der Richter[105]

In der Erziehungsberatungsstelle wird Peter, ein neunjähriger Junge vorgestellt. Er ist das älteste von sechs Geschwistern, vier Brüdern und zwei Schwestern. Sein Vater ist Jurist, seine Mutter Hausfrau. Die Familienverhältnisse sind geordnet, das Zusammenleben wird durch die sehr religiöse Einstellung der Eltern geprägt und geregelt. Die Erziehung der Kinder ist streng, konsequent und religiös, jedoch nicht intolerant. Die bisherige Entwicklung verlief – abgesehen von den üblichen Kinderkrankheiten – normal, doch gilt Peter als sensibel von klein auf, gelegentlich voller Skrupel, weniger draufgängerisch als seine Brüder, daher beim Spielen unterlegen und häufig abseits stehend. Er sagt selbst, er wolle seinen Geschwistern „nicht hinderlich sein". In der Schule zeigt er gute bis sehr gute Leistungen, muß aber oft wegen seiner Langsamkeit und Verträumtheit ermahnt werden. Stellt der Lehrer ihm eine Frage, scheint er in eine Art Absence zu verfallen, verdreht die Augen und schweigt; nach einigen Sekunden erfolgt aber überraschend die richtige Antwort. Außerdem entwickelt Peter seltsame Körperbewegungen wie Drehen der Arme und Zuckungen. (Der ärztliche Befund zeigte keine körperlichen Ursachen). In der letzten Zeit häufen sich Halsschmerzen, Übelkeit und Todesbefürchtungen.

Peter kann sich gut mit sich selbst beschäftigen. Er liest viel und spielt gern, besonders mit Kasperlefiguren. Hier war der Anknüpfungspunkt zur Diagnose gegeben. Er führte dem Verfasser in der Beratungsstelle folgendes Stück vor:

Kasper kommt in seine Wohnung und entdeckt, daß ihm ein Teppich im Wert von 700 DM gestohlen worden ist. Er meldet es dem Polizisten. Der sagt: „Es wurde soeben schon eine Anzeige erstattet." Der Zwerg meldete, es sei ihm eine Vase im Wert von 300 DM gestohlen worden. Der Polizist weiß sofort, daß als Täter nur der Räuber im Wald in Frage kommt. Alle drei machen sich auf, den Räuber zu suchen. Unterwegs biegt der Zwerg ab und wünscht den beiden viel Erfolg beim Räuberfang. Nach langer Zeit angestrengten Suchens werden Kasper und Polizist sehr müde. Sie legen sich nieder und schlafen. Nach weiterem Suchen fangen sie den Räuber schließlich und schleppen ihn vor Gericht. Der Polizist fordert Kasper auf, den „Räuber dem Richter vorzuführen", während er selbst draußen warten wolle. Der Richter empfängt Räuber und Kasper mit den Worten: „Einen tieferen Bückling bitt' ich mir aus!" Kasper bringt seine Klage vor, aber der Richter ist ungnädig und wirft beide hinaus. Der Polizist läßt sich den Vorfall von Kasper berichten und sagt: „Ah, heute ist ja Donnerstag, das ist dem Richter sein schlechter Tag. Du mußt morgen hingehen, da ist Freitag, da ist dem Richter sein guter Tag!" Dies geschieht, wieder empfängt der Richter Räuber und Kasper sehr ungnädig, ist aber bereit, Kasper anzuhören. Danach verurteilt er den Räuber zum Tode. Kasper ist entsetzt und hält dem Richter vor, dies sei doch keine „angemessene Strafe für so ein kleines Vergehen". Der Richter weist ihn zurecht: „Du hast mir nichts zu sagen; ich als Richter bin eine hochgestellte Persönlichkeit und kann die Strafen aussprechen, die mir angemessen erscheinen." Kasper aber sagt: „Ach, Herr Richter, das kann ich aber nicht verstehen; sie sind doch bloß ein ganz einfacher Amtsrichter." Darauf wird der Richter wütend: „Wenn es dir nicht paßt, was ich über den Verbrecher beschließe, dann mach, daß du davonkommst!" und spricht den Räuber frei. Kasper und Polizist sind ratlos, schließlich bitten sie den Zwerg um Hilfe. Der geht sofort zum Richter und hält ihm eine Strafpredigt. Als der Richter ihn hinauswerfen will, packt ihn der Zwerg und hält ihn zum Fenster hinaus (über die Spielleiste). Das fiktive Zimmer des Richters befindet sich im fünften Stock über der Straße. Der Richter schreit vor Angst um Hilfe, und der Zwerg fragt ihn: „Wollen Sie, Herr Richter, über den Räuber endlich ein ordentliches Urteil fällen?" In diesem Augenblick geschieht es, daß Peters linke Hand versehentlich den Richter fallen läßt. Peter scheint sehr betroffen von seiner Ungeschicklichkeit, er unterbricht das Spiel, entschuldigt sich. Dann setzt er den Richter wieder auf die Hand und wiederholt die Szene: „Wollen Sie, Herr Richter, endlich ein ordentliches Urteil fällen?" Der Richter verspricht dies in seiner Todesangst, und der Zwerg stellt ihn wieder auf sicheren Boden. Das Stück endet damit, daß der Richter den Räuber kleinlaut zu drei Monaten Gefängnis verurteilt. Der Zwerg verschwindet im Wald. Kasper und Polizist fallen einander in die Arme und jubeln: „Der Räuber ist im Gefängnis, und das ist gerecht."

Die Figuren, die Peter für sein Stück gewählt hat, zeigen eine mehrfache Identifikation und Determiniertheit. Peter sieht sich selbst einmal als Räuber, der gegen die Gebote der Gemeinschaft verstößt und Dinge an sich nimmt, die ihm nicht zustehen. Zum andern ist er auch der Kasper, der nach Gerechtigkeit verlangt und den Räuber verurteilt sehen möchte. Seinen Vater identifiziert er mit dem strengen, harten Richter, aber gleichzeitig auch mit dem klugen, gerechten Zwerg. Der Inhalt des Stükkes zeigt symbolisch Peters Konfliktsituation und seine zwiespältigen Empfindungen gegenüber seinem Vater und sich selbst. Der Vater als wissende und gerechte Persönlichkeit wird

von Peter ehrfürchtig geliebt. Peter verbildlicht diese Seite des
Vaters durch die Figur des Zwerges, die in der Welt der Märchen häufig eine gütige mit Weisheit und übermächtigen Kräften ausgestattete Gestalt ist. Der Richter versinnbildlicht für
Peter die andere – harte und autoritär kalte – Seite der väterlichen Persönlichkeit und verbindet sich darüber hinaus assozia-
tiv auch mit dem wirklichen Beruf des Vaters.

Die aktuellen Gründe für diese Konfliktsituation liegen zum
Teil – wie die Anamnese ergab – in den übermäßigen Leistungs-
und Verhaltensforderungen des Vaters an seinen Sohn in
Schule und Familie. Peter akzeptiert die Forderung, glaubt
aber, sie nicht erfüllen zu können, und gerät dabei einerseits in
Panik oder Verzagtheit und andererseits in starke vermeintliche
Schuld – einmal weil er sich als „ungehorsam" erlebt, zum andern aber auch wegen seiner verborgenen Aggressionen und
feindseligen Impulse gegen den Vater. Damit kommt zum aktuellen Konflikt, der durch die väterliche Überforderung entstand, ein zweiter, schon vorhandener, älterer Konflikt: die
Eifersucht und die Beseitigungswünsche gegenüber dem Vater,
die Peter erlebte, als er noch sehr klein und ohne Geschwister
war und die Mutter für sich haben wollte. Die damaligen aggressiven Impulse wurden verdrängt, das Bild des Vaters, den
Peter ja auch gleichzeitig liebte, wurde verinnerlicht und entwickelte sich im Lauf der Kindheit zu einer mächtigen Gewis-
sensinstanz. So ist der äußere Vater für Peter gleichzeitig die
verkörperte, von ihm akzeptierte moralische Forderung, aber
auch die bedrohliche, bei Verfehlungen unerbittlich strafende
Macht und schließlich noch das Objekt kindlicher Liebe, Ver-
ehrung und Nacheiferung. Das Stück zeigt eine im Augenblick
aktuelle Situation: die momentan quälend empfundene Macht-
losigkeit Peters gegenüber der väterlichen (Über)-Forderung.
Der Versuch, den Vater „kleiner zu machen" – mißlingt. Der
Hinauswurf besiegelt die endgültige Niederlage Peters. Ohne
fremde Hilfe ist er machtlos – gegenüber dem Vater, aber auch
gegenüber sich selbst. Er erkennt, daß er (der Räuber) nicht
richtig handelt, und er stellt sich dem Vater (dem Richter), findet aber dort keine Hilfe.

Bis zur Szene des Hinauswurfs durch den Richter spielt Peter seine ausweglose Situation. Peters Verhalten mit seinen Symptomen und seine Vorgeschichte sind nun besser zu verstehen: Von klein auf sensibel, wenig vital, hat er seine aggressiven Impulse unterdrückt. Die Forderung nach dauernden Bestleistungen im sozialen und kognitiven Bereich waren zu hoch, und sein Versagen wurde streng abgeurteilt. Dadurch litt sein Selbstvertrauen; auch beim Spiel mit seinen Brüdern wagt er nicht, sich zu behaupten, und verzichtet darauf, mit ihnen zu spielen. Er will „ihnen nicht hinderlich sein". Dennoch hat er den Wunsch, den hohen väterlichen Forderungen, mit denen er sich identifiziert, gerecht zu werden, aber jeder Versuch dazu ist von Angst vor neuem Versagen begleitet: So entsteht ein permanent schlechtes Gewissen und ein unlösbarer Konflikt zwischen Bejahung und Verneinung und als Folge und sinnloser Ausweg die Neigung zur Selbstbestrafung; es kommt zu psychosomatischen Erscheinungen, Herzschmerzen, Übelkeit und jäh auftretenden Todesbefürchtungen.

Der zweite Teil des Kasperspiels zeigt, in welche Richtung Peters Lösungswünsche gehen: Der gerechte und darum geliebte Vater (Zwerg) soll über den strengen Vater siegen. Unabsichtlich – in der Art einer Freudschen Fehlleistung – wählt Peter zunächst eine gewaltsame Lösung: Es scheint ein bloßes Mißgeschick zu sein, war aber vielleicht doch tief unbewußte „Absicht", daß der Zwerg den Richter fallen läßt und damit unweigerlich symbolisch tötet. Peter ist sichtlich sehr betroffen davon; ohne daß er den Zusammenhang bewußt durchschaut, spürt er die starke Bedeutung dieser Spiel-(Un)tat. Der zweite Lösungsweg zeigt – Zukünftiges wunschhaft vorwegnehmend – einen verwandelten Vater. Der Zwerg zwingt den Richter zur Gerechtigkeit seines Handelns; der „gute" Vater hat den „bösen" Vater überwunden. Peter wünscht sich, der Vater solle seine „Ungerechtigkeit" einsehen, seine Forderungen an ihn mildern, ihn frei machen von Angst und Schuld, und er teilt diesen Wunsch dem Zuschauer in verschlüsselter Form durch sein Symbolspiel mit. Unbewußt spürt das Kind, daß seine gewissenbelastende Aggression gegen den Vater und die ebenso gewissenbelastende Lähmung und Leistungsunfähigkeit überflüssig werden könnten, wenn sein Wunsch, der einer großen seelischen Not entstammt, erfüllt würde. Peters Kräfte könnten von ihrer schmerzlichen Bindung an seinen sinnlosen Konflikt befreit werden und der Entfaltung und Erweiterung der kindlichen Persönlichkeit und der zuversichtlichen Erfüllung der – jetzt liebe- und maßvollen – väterlichen Erwartungen an Peters Verhalten dienen.

Peter gab mit seinem Spiel nicht nur einen diagnostischen Hinweis über die Art seines Konflikts. Die Umsetzung ins Spiel zeigte auch, daß er den Konflikt „thematisierte" und somit selbst aktiv um eine Lösung bemüht war. Sein im symbolischen Spiel zum Ausdruck gebrachter „Hilferuf" wurde in der Folge Grundlage für das Gespräch mit seinen Eltern und die weiteren gemeinsamen pädagogischen Bemühungen.

3. Das Kasperle-Theater als „moralische Anstalt": Die verzauberte Prinzessin

Beim folgenden Beispiel handelt es sich um eine Kasperle-Theater-Aufführung vor einem großen Publikum von Kindern im Alter von sechs bis zehn Jahren. Der Stoff des Stückes ist der oben mehrfach erwähnten, auch in Märchen und Mythos vorkommenden Thematik von Verzauberung und Erlösung entnommen, ist aber in seiner dramatischen Gestaltung und seinem Ablauf auf der Bühne nicht bis in alle Einzelheiten festgelegt. Die Kinder waren bei jeder der z. T. mit kleinen Varianten verlaufenden Aufführungen aufgefordert oder gezwungen, die Gestaltung der einzelnen Szenen zu beeinflussen und den Fortgang der Handlung mitzubestimmen. Hierbei wurden von ihnen nicht nur kognitive, z. T. schöpferische Prozesse des Problemlösens oder Gedächtnisleistungen verlangt, sondern auch das Nachdenken über eigene und fremde, freundliche oder feindliche Denk- und Handlungsweisen sowie schließlich auch moralische Entscheidungen.

Zu Beginn der Vorstellungen tritt der Theaterdirektor auf und kündigt das Spiel an. Danach beginnt das eigentliche Stück: Hexe und Räuber treten auf und beschließen, wieder einmal etwas „schön Böses" zu tun. Sie überbieten sich gegenseitig an

Vorschlägen, die aber sehr surreal und unsinnig sind (z. B. eine Straßenbahn oder einen Elefanten aus dem Zoo stehlen) und dem kindlichen Zuschauer keinen Nachahmungsreiz bieten. Schließlich einigen sie sich, die Prinzessin – (das kann auch die Gretel sein) – listig fortzulocken und zu verzaubern. Sie fordern die Kinder auf, ihnen dabei zu helfen, und versprechen ihnen dafür viel Schokolade oder andere attraktive Belohnungen. Wenn sich einige Kinder dazu bereit finden, den beiden bei ihrem bösen Vorhaben zu helfen, sprechen Räuber und Hexe nur noch mit diesem Teil des Publikums und achten nicht auf die Drohung der anderen Kinder, die sagen, sie wollten die Prinzessin warnen. Dann verstecken sich Hexe und Räuber.

Als die Prinzessin auftritt, versucht ein Teil der Kinder, ihr mitzuteilen, welche Gefahr ihr drohe, aber die Prinzessin hört nicht auf ihre Warnung. Sie ist sehr schnippisch und sagt, sie glaube nicht, was die Kinder berichten, sie wollten sicher nur Spaß machen oder sie ärgern. Indessen tritt der Räuber auf, benimmt sich überaus höflich und fragt die Prinzessin, ob sie mit ihm gehen wolle, sie bekomme dann auch ein großes Schokoladen-Eis von ihm. Nun sind Varianten möglich: Entweder schlägt die Prinzessin die Warnungen der Kinder endgültig in den Wind und ist bereit, dem Räuber zu folgen, oder sie bekommt es plötzlich mit der Angst zu tun und will fliehen. Welche Variante gewählt wird, hängt von der Eindringlichkeit der kindlichen Warnungen ab und muß vom Spieler entschieden werden. In beiden Fällen kommt schließlich die Hexe und verzaubert die Prinzessin mit Hilfe eines Zauberspruchs, etwa eines gereimten Vierzeilers, den sich die Kinder bei einmaligem Hören nicht merken können, in ein Krokodil oder auch in ein anderes Tier oder vielleicht auch in eine Blume. Hexe und Räuber lachen jetzt die Kinder aus, die bereit waren, ihnen zu helfen und teilen ihnen mit, sie dächten gar nicht daran, ihnen die versprochene Schokolade zu geben, sie hätten das „nur so gesagt", damit die Kinder bereit seien, ihnen bei der Verzauberung der Prinzessin zu helfen. Dann gehn beide mit der verzauberten Prinzessin ab.

Meist war das Publikum während und nach dieser Szene recht erregt. Der Theaterdirektor eilt herbei und fragt nach der

Ursache des Lärms. Die Kinder berichten ihm, die Prinzessin
sei verzaubert und in der Hand der Hexe. Daraufhin teilt der
Theaterdirektor den Kindern mit, dies sei ein sehr bedauerli-
cher Vorfall, und leider müsse das Stück jetzt abgebrochen werden; denn die Prinzessin sollte doch den Prinzen heiraten,
wenn sie aber verzaubert sei, könne die Hochzeit nicht stattfin-
den, und das Stück sei damit zu Ende. Die Kinder sind zwar be-
treten und machen einander Vorwürfe wegen ihrer Hilfe für
Hexe und Räuber, glauben aber meist nicht recht, daß das
Stück nicht weitergehen solle. Der Theaterdirektor fragt sie
schließlich, ob sie denn eine andere Lösung wüßten oder ob sie
ihm einen Rat geben könnten, wie man die Prinzessin entzaubern könne. Die Kinder machen nach einigem Hin und Her mit
allerhand nützlichen und unnützen Überlegungen den Vorschlag, den Kasper zu rufen und ihn um Hilfe zu bitten. Der
Kasper kommt auch, meint aber, die Sache sei ihm zu gefähr-
lich, und außerdem seien die Kinder ja selbst an der Verzauberung der Prinzessin mitschuldig. Schließlich läßt er sich nach
dringenden Bitten überreden, die Prinzessin zu befreien, aber
nur unter der Bedingung, daß die Kinder ihm dabei helfen.
Nachdem die Kinder, um die Folgen ihrer Leichtfertigkeit gut-
zumachen, ihre Hilfe versprochen haben, fordert sie der Kasper
auf, darüber nachzudenken, wie man die Prinzessin entzaubern
könne. Die Kinder schlagen unter anderem vor, es mit dem
Zauberspruch der Hexe zu versuchen. Kasper findet diesen Gedanken gut und fragt die Kinder, ob sie diesen Spruch wüßten.
Einige Kinder erinnern sich noch an ein oder das andere Wort
daraus, aber mehr wissen sie auch nicht. Wie könnte man diesen
Zauberspruch erfahren? Bei einigen Aufführungen kamen die
Kinder von selbst auf die Lösung, die auch dem gestiefelten Kater weiterhalf: Bei ihrem nächsten Auftreten provozieren die
Kinder die Hexe und äußern Zweifel an ihrer Zauberkunst. Die
eitle Hexe wird zornig, und um zu zeigen, wie gut sie zaubern
kann, zaubert sie verschiedene Dinge herbei und hinweg, wobei
sie jedesmal den Zauberspruch aufsagt. Die Kinder merken sich
die Worte und prägen sie dann mit einiger Mühe auch dem Kasper ein. Inzwischen haben Hexe und Räuber bemerkt, daß der
Kasper die Prinzessin erlösen will. Sie legen ihm mehrere Hin-

dernisse in den Weg, die aber alle mit Hilfe der Kinder überwunden werden. Diese Hindernisse sind mit handlungsbezoge-
nen Denk- und Beobachtungsaufgaben verbunden, deren
Lösung für die Beseitigung der Hindernisse und den glücklichen Fortgang der Handlung notwendig ist. Sie können zusätzlich mit „Zeitdruck" verbunden werden – d. h., die Lösungen
müssen in einer ganz bestimmten Zeit gefunden werden, an-
dernfalls gerät auch der Kasper in die Gewalt von Hexe und
Räuber, und das Stück muß endgültig abgebrochen werden.
Eine Variante ist der Vorschlag Kaspers, so zu tun, „als seien
wir alle fortgegangen und nicht mehr da". Er fordert die Kinder
auf, mäuschenstill zu sein, sich nicht zu rühren, und wenn Räuber und Hexe kämen, keinen Ton von sich zu geben. Die Kinder versprechen dies, und um das „Nicht mehr da sein" noch
glaubhafter zu gestalten, versteckten sich die Kinder in einigen
Vorstellungen hinter ihre Stühle. Als Hexe und Räuber erscheinen, glauben sie tatsächlich, alle Kinder seien fort, versuchen
aber der Sicherheit halber, die Kinder mit Worten zu provozieren, um nachzuprüfen, ob nicht doch noch einige von ihnen da
seien. Einige Kinder lassen sich auch wirklich provozieren, andere lachen über die Provokation, und Hexe und Räuber merken, daß sie überlistet werden sollten. Sie verschwinden, um
neue Hindernisse auszusinnen. Kasper beklagt sich: Die Kinder
hätten doch versprochen, ihm zu helfen, und jetzt könnten sie
nicht einmal „so was Leichtes", wie ganz still zu sein und ganz
fest den Mund zu halten. Die Kinder versichern, es jetzt besser
zu machen, und in manchen Ausführungen war das kindliche
Publikum an dieser Stelle der Handlung wirklich mäuschenstill
und widerstand allen weiteren Provokationen der Gegenspieler.
Dieses völlige, auf das Handlungsziel bezogene, konzentrierte
Schweigen der Kinder war für die erwachsenen Teilnehmer an
den Aufführungen stets eine der eindrucksvollsten Szenen.

Schließlich werden Räuber und Hexe überlistet und die Prinzessin entzaubert. Das Stück, in dem keine einzige Prügelei vorkommt, in dem nur Gedanke gegen Gedanke, List gegen List
steht und in welchem die Verzauberung die einzige, allerdings
erhebliche „Gewalttat" bildet, endet mit dem Dank der Prinzessin an Kasper und die Kinder und einem großen Hochzeitsfest.

Der Inhalt des Spiels ist, wie oben angedeutet, die Variante eines uralten Märchenstoffes, der auch den javanischen Schattenspielen zugrunde liegt. Es geht um Trennung, Verwandlung und Vereinigung der Menschen und die symbolische Auseinandersetzung mit den zerstörerischen oder entwicklungshemmenden Mächten in uns selbst. Kasper und Prinzessin (oder eine andere Märchenfigur) sind Identifikationsfiguren für den kindlichen Zuschauer, und die seelischen Kräfte, mit denen er sich hier aktiv einbezogen am Spiel beteiligt, sind seine schöpferische, spielerische Phantasie und seine moralische Verläßlichkeit. Das Stück, das sich in vielen vereinfachenden und differenzierten, kindliche Tagesprobleme einbeziehenden Varianten spielen läßt, ist gleichzeitig „inneres Welttheater" und „moralische Anstalt".

4. Die schöpferische Phantasie im Puppenspiel: Die Riesenhexe

Dieses Stück wurde von zwei elfjährigen Jungen erdacht und von diesen anläßlich eines Schulfestes für andere Kinder und Erwachsene aufgeführt. Es ist ein anschauliches Beispiel für die schöpferische Phantasie beim Kinde:

Kasper und Seppel gehen zusammen in den Wald, um Beeren zu suchen. Auf einmal ertönt hinter der Bühne Lärm und Geschrei. Kasper und Seppel bleiben vor Schreck stehen. Da kommt atemlos und zerzaust der Hase gerannt und berichtet, daß er eben der Hexe begegnet sei, die furchtbar mit ihm geschimpft und ihn zum Wald hinausgejagt habe. Kasper und Seppel sollten lieber umkehren, sonst ergehe es ihnen genauso. Die beiden lassen sich aber nicht entmutigen und gehen weiter. Kurz darauf erfolgt noch größerer Lärm, und der Fuchs kommt gelaufen und erzählt von der schlimmen Hexe, die ihn mit glühenden Augen angeschaut, beschimpft und fortgejagt habe. Es sei besser, nicht weiter in den Wald zu gehen. Auch diesmal lassen sich Kasper und Seppel zwar nicht entmutigen, aber besprechen doch miteinander, ob sie ihren Weg fortsetzen sollen. Als sie es tun, begegnet ihnen nach noch lauterem Lärm auf wilder Flucht das Krokodil, beschreibt die Hexe als riesige, bedrohliche Gestalt mit eindrucksvollen Details und sagt, es könne sich hier nicht aufhalten, sonst komme die Hexe hinter ihm her. Kasper und Seppel kommen jetzt doch Bedenken, aber da ertönt ein ungeheures Getöse und in größter Eile, völlig abgerissen kommt der Räuber gerannt und schreit: „Nichts wie weg! Die Riesenhexe kommt!" Der Räuber flieht weiter, und noch ein paar Tiere eilen hinter ihm über die Bühne. Kasper und Seppel verstecken sich, als es aber still wird und nichts Schlimmes geschieht, wagen sie sich hervor und überlegen hin und her, was sie am besten jetzt tun könnten. Schließlich siegt ihre Neugier, und sie beschließen, vorsichtig weiter in den Wald hineinzugehen, um die Hexe wenigstens einmal zu sehen. Sie verschwinden hinter der Spielleiste. Es ist einige Sekunden still, dann bricht der größte Lärm los, man hört Glas zerschellen, Metall schlägt an Metall, dazwischen Geschrei, und indes der Lärm verstummt, kommen Kasper und Seppel auf die Bühne: „So eine Riesenhexe! Das war ja die allergrößte und allerschlimmste Hexe! Jetzt ist sie fort. Komm, wir gehen heim!"

Der Schluß des Stückes ist überraschend und dramatisch, vielleicht wenig befriedigend für den Zuschauer, der den Kampf mit der Hexe wohl lieber mit eigenen Augen gesehen hätte. Dennoch ist dieses Ende „psycho-logisch" einleuchtend: Die Auseinandersetzung mit der Hexe hat – zwar hinter der Bühne und für das Publikum nicht sichtbar – stattgefunden, und sie war, nach dem Lärm zu schließen, dramatisch und aggressiv, nahm aber kein böses Ende. Die Helden können nach Hause zurückkehren; zwar nicht als Sieger, aber auch nicht als Besiegte.

Was bei diesem Stück jedoch besonders bemerkenswert erscheint, ist die Leistung der schöpferischen kindlichen Phantasie und der originelle Einfall, ein Stück zu spielen, in dem die Hexe zwar die Hauptperson, aber während der ganzen Handlung überhaupt nicht zu sehen ist. Unbewußt bedienen sich die beiden Kinder eines alten psychologischen „Theatertricks": Was wegen seiner phantastischen Unheimlichkeit und Größe nicht real dargestellt werden kann, nämlich hier die Riesenhexe, muß sich die schöpferische Phantasie des Zuschauers selbst erschaffen und abbilden. Keine reale Puppe kann den Grad an „Fürchterlichkeit" erreichen, den die schöpferische Phantasie der fiktiven Hexe verleiht. Die beiden Kinder sind in diesem Falle wahrhaft Nachfolger Shakespeares, der in seinem Drama

„König Heinrich V." die Belagerungen und Schlachten auf enger Bühne nicht zeigen kann und den Zuschauer auffordert, sich die Ereignisse und Schauplätze in seiner Phantasie vorzustellen, indem er den Chorus zum Publikum sagen läßt:

„... Still be kind,
And eke out our performance with your mind."

und an anderer Stelle:

„... Yet sit and see,
Minding true things by what their mockeries be." [106]

Dieser als Teichoskopie (Mauerschau) bezeichnete dramaturgische „Kniff" kommt bei Shakespeare auch in anderen Dramen vor.

5. Kooperatives Spiel als Konfliktbearbeitung: Jimmy und der Dauerlutscher

Das folgende Spiel mit dem vierjährigen Michael ergab sich mehr durch Zufall als durch Absicht.

Während eines Besuchs bei den Eltern des Jungen spielt der Verfasser mit dem Kind eine kleine Gesprächsszene, wobei er die bei Kindern beliebte Handpuppe des Negers Jimmy benutzt. Michael – seinem magisch-anthropomorphistischen Weltbild entsprechend – nimmt den Dialog mit der Puppe sehr ernst, und der lustige und umsichtig-weise Neger Jimmy besitzt sichtlich einen hohen Grad von Wirklichkeit für ihn, obwohl die Puppe nicht – von einem unsichtbaren Spieler geführt – auf einer Bühne erscheint, sondern sichtbar auf der Hand des Gesprächspartners agiert. Beim nächsten Besuch, bei welchem Michael schon voller Spannung eine erneute Begegnung und Unterhaltung mit Jimmy erwartet, überreicht dieser dem Jungen als „Mitbringsel" einen Dauerlutscher. Michael ist überrascht und tief beeindruckt von dieser „oralen" Zuwendung der Puppe, und bei den weiteren Besuchen erfolgt bei den nun schon zur Gewohnheit gewordenen Gesprächen zwischen Jimmy und Michael auch eine geradezu feierliche und ritualisierte Überreichung eines solchen Dauerlutschers. In den Gesprächen mit Jimmy zeigt sich Michael höflich, sehr aufgeschlossen, aber stets auch ein wenig schüchtern; Jimmy ist eine magische Autoritätsfigur für ihn, und Michael ist ihm mit Liebe und gleichzeitig respektvoller Distanz zugetan.

Zur Erweiterung des bisher nur dialogischen Gesprächs wird eine weitere Figur eingeführt: der Räuber Wulewaz, äußerlich eher ein märchenhafter Waldbewohner als ein wirklicher Räuber (vgl. S. 47). Er ist der Widersacher Jimmys, und bei der Überreichung des Dauerlutschers hält er sich stets in bedrohlicher Nähe auf und hat dabei offenbar eindeutige Absichten. Er will den Dauerlutscher in seinen Besitz bringen. Michael durchschaut dies schnell, zumal sich der Räuber bei seinem Auftreten unmißverständlich als „Räuber Wulewaz" vorgestellt hatte. Jimmy rät dem Räuber, hier „ja keine dummen Sachen zu machen", der Dauerlutscher sei für Michael und nicht für ihn. Mit großer Aufmerksamkeit verfolgt Michael diesen Dialog und wagt nicht, Wulewaz selbst anzusprechen, sondern bittet Jimmy, dem Räuber zu sagen, er solle ihm den Dauerlutscher nicht wegnehmen.

Der Gedanke, der Räuber könne den Dauerlutscher widerrechtlich an sich nehmen, hat Michael sichtlich betroffen. Er wiederholt die Worte „nicht wegnehmen" und „das darf man nicht" und „böser Räuber Wulewaz" immer wieder und verlangt während der nächsten Besuche nachdrücklich von neuem die Szene mit dem Räuber, der den Dauerlutscher bei seiner Übergabe an Michael an sich reißen will, dies aber wegen Jimmys Überlegenheit nicht wagt. Die in dieser Szene dargestellte Thematik ist für Michael sichtlich von hoher Aktualität.

Bei einem der folgenden Besuche wird versucht, die spannende und sich in der Schwebe haltende Situation Jimmys und des Räubers in Bewegung zu setzen, um nach möglichen Lösungen dieses Konflikts zu suchen. Jimmy legt den Dauerlutscher, bevor er ihn Michael überreicht, unvorsichtigerweise neben sich auf den Tisch, und mit raschem listigen Zugriff gelingt es Wulewaz, ihn an sich zu nehmen. Er betont, daß der Lutscher jetzt ihm ganz allein gehöre, und beginnt, ihn (fiktiv) aufzuessen. Obwohl Michael „weiß", daß der Räuber als leblose Puppe den Dauerlutscher nicht aufessen kann, hat die Szene für ihn so hohe Realität und Aktualität, daß er – den Tränen nahe – Jimmy bittet, Wulewaz den begehrten Lutscher wieder wegzunehmen. Wulewaz versucht zwar, mit seiner Beute wegzulaufen, aber Jimmy holt ihn ein, ermahnt ihn eindringlich, nimmt ihm den Lutscher weg und gibt ihn Michael.

Als beim nächsten Besuch wegen der hohen emotionalen Besetztheit der Szene der Räuber in dem nun schon zum Besuchsritus gewordenen Spiel zunächst weggelassen wird, verlangt Michael –

wiederum fast den Tränen nah –, Wulewaz solle kommen und ihm den
Dauerlutscher stehlen.

Der merkwürdige Widerspruch in Michaels Verhalten, seine
Erregung, wenn Wulewaz dem unvorsichtigen Jimmy den Dauerlutscher wegschnappt und Michael somit „oral frustriert" –
und eine gleiche Erregung, wenn Wulewaz ausbleibt und seine
„Missetat" *nicht* vollbringt, legt den Gedanken nah, daß die ge-
spielte Thematik ein augenblicklich ambivalentes, emotional
aktuelles Problem im Leben des Jungen berühre. Wir können
dieses Problem aus dem Spielinhalt allein höchstens vermuten,
aber nicht sicher erschließen.

Von der Mutter des Jungen erfahren wir, daß Michael seit
der Geburt des kleinen Schwesterchens eifersüchtig sei, daß er
sich möglicherweise benachteiligt fühle und außerdem einen
auffallenden Drang nach Süßigkeiten zeige – bisweilen auch die
Neigung, sich solche innerhalb der Wohnung heimlich zu beschaffen. Gleichzeitig bemühe er sich aber, vor allem dem Vater
zuliebe, ein „braver Bub" zu sein, der schon „groß und vernünf-
tig" ist. Er habe wohl gemerkt, daß ein solches Verhalten die Eltern erfreue und ihm dann Lob und liebevolle Zuwendung
bringe.

Mit dieser während eines Besuchs von der Mutter beiläufig
gemachten Bemerkung wird die Ambivalenz in Michaels Verhalten verständlich. Einerseits fürchtet er den Räuber, weil dieser ein Verhalten zeigt, das die Eltern und Michael selbst
mißbilligen und das Kind außerdem um die orale Befriedigung
bringt. Diese orale Befriedigung ist doppelt determiniert: Sie
bedeutet nicht nur den Genuß von Süßigkeit, sondern auch
symbolischen Ersatz für den vermeintlichen Entzug elterlicher
Zuwendung und steht damit im Zusammenhang mit Michaels
Eifersucht. Daß Kinder Süßigkeiten als Ersatzobjekte für mütterliche Liebe verwenden, ist in der Praxis der Psychotherapie
seit langem bekannt.

Durch die Folge der Spielszenen, die jeweils an einem kleinen
Couchtisch – häufig im Beisein der Eltern – erfolgten, war Michaels Konflikt symbolisch thematisiert und aktualisiert worden. Das Spiel als Form „innerer Lösungsstrategie" war in Gang

gekommen und enthielt damit auch die Möglichkeit zur Lösungshilfe.

Am nächsten Spieltag – Wulewaz stand bereits wieder auf der Lauer – fragte Jimmy, was man denn mit dem frechen Räuber machen solle, der immer den Dauerlutscher stiehlt und dann nicht mehr hergeben will. Michael macht schließlich den Vorschlag, Wulewaz dürfe am Lutscher ein wenig lecken und solle ihn dann wieder hergeben. Jimmy findet diesen Gedanken gut und kommt mit Wulewaz überein, daß dieser ein wenig am Lutscher lecken dürfe und ihn dann an Michael weitergebe. Wulewaz ist damit einverstanden, leckt einmal am Lutscher und reicht ihn Michael. Dieser aber – und hier tritt Michael zum ersten Mal mit Wulewaz in direkten Gesprächskontakt – meint, das sei „zu wenig" gewesen, Wulewaz dürfe ruhig noch ein wenig länger daran lutschen. Wulewaz tut dies, Michael schaut halb befriedigt, halb besorgt zu und erhält kurz darauf seinen Lutscher.

Die Ritualisierung und der strenge Spielablauf haben sich gewandelt. Bei jedem neuen Spiel muß nach Michaels Wunsch zuerst Wulewaz unter Jimmys Aufsicht am Dauerlutscher schlotzen, danach bekommt Michael selbst das begehrte Gutsel. Unmerklich ist Jimmy, der ursprünglich nur „Liebesersatz" spendende Spielpartner, nun auch zur moralischen Überwachungsinstanz und zum Symbol elterlicher Liebe, wie das Kind sie wünscht, aber auch elterlicher Gebote geworden. Jimmy bringt das „Gute", Begehrte, aber er wacht auch darüber, daß niemand ohne Erlaubnis davon nimmt. Michael identifiziert sich unbewußt mit Wulewaz als dem eifersüchtigen, naschhaften Kind und mit Jimmy, dem Bild des Kindes, das er den Eltern zuliebe gern sein möchte. Gleichzeitig ist aber auch Wulewaz ein Bild der Eltern, die „einem was wegnehmen" und das Kind „Frustrationserlebnissen" aussetzen. Wie im Grießbrei-Traum die Schokoladentorte sind hier die Spielfiguren mehrfach determiniert und zeigen symbolisch einen Konflikt in der Eltern-Kind-Beziehung und im Bereich frühkindlicher Bedürfnisse.

Das Spiel wurde in dieser neuen Ablaufsform noch einige Male gespielt. Bevor es abklang, hatte Michael alle Gegensätze vereint: Wulewaz, Jimmy und Michael verzehrten friedlich und gemeinsam den Dauerlutscher. Jimmy aber war noch lange Zeit für Michael, der nun auch selbst mit Puppen zu spielen begann, in vielen abenteuerlichen Szenen der geliebte Freund und Wegweiser.

6. Märchenhaftes Puppenspiel als Spiegel seelischer Reifung: Eisrosen für St. Nikolaus

Der Zusammenhang zwischen Puppenspiel und Märchensymbolik und seine Bedeutung für die seelische Entwicklung des Kindes legen es nahe, für Aufführungen vor einem Kinder-Publikum neben Stoffen des täglichen Lebens auch märchenartige Themen zu wählen. Dabei ist es wichtig, daß die Kinder die Möglichkeit haben, nicht nur zuschauend, sondern mit-handelnd sich in den Helden, z.B. den Kasper, einzufühlen, sich mit ihm zu identifizieren. Ein häufiges entwicklungspsychologisch bedeutsames Märchenmotiv ist die „Prüfung des Helden", die ihm als Rätsel oder als schwierige Aufgabe begegnet. Es sind Lebens- oder Entwicklungsaufgaben, deren Lösung den Helden reifer werden, auf dem Lebensweg ein Stück weiterbringen läßt. Im Märchen muß z.B. die Goldmarie in „Frau Holle" solche Aufgaben erfüllen, wenn sie das Brot aus dem Ofen holt oder die Betten schüttelt. Die Pechmarie hingegen, die ihre Aufgabe nicht erfüllt, bleibt im Zustand infantiler Unreife stecken. Wird eine solche Prüfung zum Stoff eines Puppenspiels, kann das Kind den Weg der Aufgabenlösung durch alle Schwierigkeiten mit dem Helden gemeinsam zurücklegen; die Lösung und „Erlösung" wird dann zum persönlichen Ereignis, die Bewältigung der Hindernisse zur eigenen Leistung und einem Stück Selbstgewinnung.

Puppenspiele dieser Art kann man leicht selbst erfinden. Dabei kann zur Handlung ein fester Text entstehen oder nur stichwortartig eine bestimmte Szenenfolge, zu der sich während der Aufführung der Text spontan und im Gespräch mit dem Publikum entwickelt. Lediglich Zauberverse und sonstige Reime haben dann ihren festen Wortlaut.

89

Beispiel eines solchen Stückes ist das Puppenspiel „Eisrosen für St. Nikolaus".

Kasper darf dem Nikolaus helfen, die Weihnachtsglocken zu läuten. Zuvor wollen sie noch gemeinsam den Weihnachtsschlitten mit Geschenken beladen. Inzwischen aber kommt der „Schlecker-Lecker-Schlotzer-Schmatzer-Teufel", verzaubert die Glocken und läßt sie einfrieren. Als Kasper und Nikolaus die Fernbedienung der Glocken einschalten, ertönt nur ein unangenehmes, krächzendes Geräusch. Vom Publikum erfahren die beiden, was geschehen ist. Die Glocken sind verzaubert; Weihnachten muß ausfallen. Nikolaus schickt Kasper zur Hexe Kniesebein, einer guten, alten Freundin des Nikolaus. Die Hexe weiß auch keinen Rat und schickt Kasper zum großen Eisrosenzauberer, der sicher weiterhelfen kann. Damit beginnt die Prüfung des Helden. Kaspers Weg zum Eisrosenzauberer führt durch das Reich des Winterwolfes, der Schneeflockenfee mit ihren Schneemännern, zum kleinen Raben, der allein weiß, wo der Eisrosenzauberer wohnt. Kasper, Angst und Zweifel überwindend, findet schließlich den kristallenen Palast des Eisrosenzauberers. Nun folgt der zweite, schwierigere Teil der Prüfung. Der Zauberer gibt Kasper eine weiße Rose. Sie hat Zauberkraft und kann die Glocken vom Eis befreien. Kasper soll die Rose dem Nikolaus bringen, darf aber unterwegs nicht stehen bleiben, sonst verblüht die Rose und verliert ihre Zauberkraft. Der Schlecker-Lecker-Schlotzer-Schmatzer-Teufel versucht, Kasper alle möglichen Hindernisse in den Weg zu legen, die aber immer durch die Hilfe des Publikums beseitigt werden. Schließlich wird Kasper müde und schläft trotz heftiger Ermahnungen der Zuschauer ein. Der Teufel stiehlt ihm die Rose, zerknickt sie und wirft sie weg. Kasper findet sie und kommt traurig nach Hause; er hat die Aufgabe nicht erfüllt. Die Hexe Kniesebein, die auch ein wenig zaubern kann, versucht ihm zu helfen. Für ihren Zauber braucht sie aber mindestens 20 Leute – (man nennt dabei die ungefähre Anzahl der Zuschauer) –, allein schafft sie es nicht. Kasper und die Zuschauer müssen nun den Zaubervers der Hexe auswendig lernen, der aber nur wirkt, wenn völlige Stille herrscht. Damit werden dem Publikum drei nicht ganz leichte Aufgaben gestellt: den Vers lernen, still sein und den Vers gemeinsam mit der Hexe sprechen. Wenn es gelingt, richtet sich die zerknickte Rose auf, und die Weihnachtsglocken fangen an zu läuten. Trotz ehrlicher Mühe hat Kasper seine Aufgabe allein nicht erfüllen können. Aber mit Hilfe der mütterlich-klugen Hexe Kniesebein, die ihn zwar allein auf den Weg schickt, aber dann im entscheidenden Augenblick hilfreich eingreift und mit Hilfe der „mitspielenden" Kinder, die so zum äußeren Bild seiner eigenen guten Kräfte werden, gelingt die Erlösung.

Dieser Stoff ermöglicht eine Fülle von Varianten. Statt der Glocken kann auch der Schlitten verzaubert werden; der naschhafte Schlecker-Lecker-Schlotzer-Schmatzer-Teufel, der nur dadurch bedrohlich ist, daß er ständig droht, den Kindern ihre Süßigkeiten wegzunaschen, kann durch eine neidische Winter-Fee ersetzt werden; statt den Zaubervers zu sagen, können die Kinder auch ein Lied singen und anderes mehr. Wesentlich ist, daß die Zuschauer mit Überlegung, Bedacht und eigener Entscheidung aktiv sein müssen, wenn die Handlung ein gutes Ende finden soll. Die Teilhabe an den Abenteuern und Prüfungen des Helden hat für die Entfaltung der kindlichen Intelligenz und Persönlichkeit positive Wirkung; spielerisch macht sich das Kind „zum Herren der Situation" und gewinnt Selbstvertrauen und Spielfreude.

Solche und ähnliche Stoffe könnten aber auch so gestaltet werden, daß das Kind nicht in die Handlung eingreift, sondern Zuschauer bleibt. Der Sinn eines solchen Spiels liegt darin, daß das Kind der Handlung mit hoher Aufmerksamkeit folgt, sich ihrem Sinn öffnet und damit zugleich einen Teil seiner eigenen Lebenswelt erschließt.

Aus den konkreten Spielschilderungen lassen sich drei Typen von Puppenspielen unterscheiden, deren Unterschiede sich aus der inhaltlichen und figuralen Komposition herleiten lassen:

1. Das rein phantastische Puppenspiel
2. Das phantastisch-realistische Puppenspiel
3. Das realitätsbezogene Puppenspiel.

1. Das rein phantastische Puppenspiel

Erstes Merkmal dieses Spieltyps sind die am Spiel beteiligten jeweiligen phantastischen Figuren, die das Spiel bestreiten. Hierzu gehören zunächst einmal alle vertrauten, zum angestammten Arsenal zählenden Phantasiegestalten wie Hexe, Zauberer, Teufel, Fee und Zwerge, wie sie schon aus der Welt der Märchen vertraut sind. Es zählen aber auch alle, aus der Vorstellungskraft der Spieler geborenen neuen Figuren dazu, die in der Realität nicht existieren. Hier sind der produktiven Phantasie der Spieler kaum Grenzen gesetzt: Der Spielraum reicht von tierischen Fabelwesen bis hin zu den verschiedensten Geisterwesen.

Auch der Handlungsraum bleibt im Bereich des Phantastischen, auch wenn Gegenstände und Verhaltensweisen zum Teil durchaus menschlich-realistische Dimensionen haben. Wir wollen dies am Beispiel einer Handlungsskizze verdeutlichen.

Die Hexe will mit Hilfe des Teufels das Zauberschloß der Fee Dolda erobern und zerstören. Die Fee erfährt von dem Plan, und mit Hilfe ihrer kleinen dienstbaren Geister, den Pingen, sowie geheimnisvoller Kräuter werden Hexe und Teufel besiegt und davongejagt.

Dieser rein phantastische Spieltyp wird verhältnismäßig selten praktiziert. Er fordert sowohl von Spielern als auch von den Zuschauern ein erhebliches Maß an Vorstellungskraft und Einfühlungsvermögen, da es sich hier um eine recht abstrakt personifizierte Auseinandersetzung von Gut und Böse handelt. Der Bezugspunkt zur unmittelbaren Wirklichkeit der Kinder, der das Miterleben erleichtert, wird bisweilen vermißt.

Dennoch lassen sich hier sehr leicht komische Effekte erzielen, die bei den kleinen Zuschauern ja immer freudige Anteilnahme finden.

2. Das phantastisch-realistische Puppenspiel

Dieser Spieltyp macht von phantastischen Möglichkeiten Gebrauch, benützt aber weitgehend einen realistischen Hintergrund. Er bringt ein Gemisch von Wirklichkeit und Phantasie auf die Bühne.

Dies wird zunächst an den auftretenden Figuren deutlich, welche teils diesseitiger, teils jenseitiger Natur sind. Kasper, Seppel, Gretel, Großmutter, Polizist, Räuber und dgl. vertreten die realen Kräfte, sie sind Repräsentanten menschlicher Handlungsmöglichkeiten und natürlicher Eigenschaften. Auf der anderen Seite stehen die übernatürlichen Wesen, die wir aus dem phantastischen Spiel kennen. Sie greifen in die realen Abläufe ein und stellen einerseits Bedrohung dar, bieten andererseits – je nach Zugehörigkeit zu Gut und Böse – auch Schutz vor Unglück, Niederlage oder Vernichtung. In dieser Rolle sind sie übermächtiger Beistand gegen übermächtige böse Kräfte, ohne jedoch auf die aktive Mithilfe der realen Personen – zumeist Kasper und Seppel – verzichten zu können.

Damit sind auch Handlungsraum und -ablauf umrissen. Das Geschehen spielt an mehr oder weniger präzis definierten Orten der diesseitigen Welt, Haus, Garten, Straße, Wald, Berg und Tal und vielen anderen situativ bedingten Kleinräumen wie Höhle, Loch, Falle, Keller und dgl. Zumeist bleibt der Handlungshintergrund auch diesseitig, und die jenseitigen Figuren dringen in den menschlichen Lebensraum ein. Der Teufel kommt von „unten", von „unter der Erde", die Fee aus einem imaginären Feenreich, die Zwerge ebenfalls von unten. Lediglich Hexe und Zauberer haben ihren Platz im Diesseits. Das Hexenhaus im Wald und das Zauberschloß auf dem Berg sind real vorstellbare Plätze, ihre Bewohner leben also auf unserer Erde. Hexenhaus und Zauberschloß sind aber keine gewöhnlichen Bauwerke, denn sie verfügen über Besonderheiten, die den

94

Absichten und den übernatürlichen Kräften ihrer Bewohner entsprechen.

Die Begegnung der diesseitigen Figuren mit den übernatürlichen endet aber oft mit ihrer Verzauberung oder Verschleppung in den übernatürlichen Machtbereich.

Danach könnte sich folgendes Handlungsmuster als Beispiel für diesen realistisch-phantastisch gemischten Spieltyp ergeben:

Seppel ist krank, und seine Freundin Gretel will ihm aus heilsamen Kräutern einen Tee machen. Auf der Suche nach den Kräutern, die sich im Wald befinden, wird sie von der Hexe, die ihr aufgelauert hat, gefangen und verzaubert. Kasper erfährt (von den Kindern) den Ort und den Zauberspruch, befreit Gretel und verpaßt der Hexe einen Denkzettel. Seppel erhält seinen Tee, der ihn gesund macht.

Diese Mischung von real Möglichem und Phantastischem ist der üblichste Typ des Handpuppenspiels, er findet sich aber auch häufig als Marionetten-, als Schatten- oder als Stabpuppenspiel. Zumal den Kindern derartiges Geschehen vom Märchen her vertraut ist, haben sie in der Regel auch keine Schwierigkeiten, das Geschehen mitzuvollziehen.

Darüber hinaus eröffnet es durch diese Verquickung unzählige Figuren- und damit auch Handlungskombinationen, wobei das Verhältnis von Realem und Phantastischem unterschiedlich gewichtet werden kann.

3. Das realitätsbezogene Puppenspiel

Das realitätsbezogene Puppenspiel verwendet nur Figuren, die Abbilder wirklicher Personen oder anderer realer Lebewesen sein können. Selbst wenn die Figuren frei erfunden und sie ihrem Wesen nach auch auf wenige Eigenschaften zum Typ reduziert sind, so stellen sie doch Wirklichkeit vor, solange sie nicht mit übernatürlichen Fähigkeiten ausgestattet sind.

Die vorgeführten Handlungen bleiben also im Bereich des real Möglichen oder aber sind sogar Situationen und Vorgänge, die sich wirklich ereignet haben.

Damit rückt das Puppenspiel vom Inhalt her in die Nähe des „richtigen" Theaters mit all seinen Bildungs- und Unterhaltungsabsichten. Für den Erzieher ergeben sich damit didaktische Möglichkeiten, welche sich vor allem im Bereich sozialerzieherischer Intentionen anwenden lassen.

Auch hierzu eine Handlungsskizze:

Die Liesel, der Hansel und der Flaps spielen zusammen. Da kommt der etwas einfältige Poldi und möchte auch mitspielen. Die drei tun so, als ob sie einverstanden wären, aber dann stellen sie ihm ein Bein, Poldi fällt und beginnt zu weinen. Schadenfroh laufen die anderen davon. Da streicht ein kleiner Hund um den traurigen Poldi herum, Poldi streichelt ihn, und bald spricht er mit dem Hund, läuft ihm nach, und sie balgen sich. Da kommen die anderen zurück, und sie möchten mit Poldi und seinem Hund spielen.

Wie immer das Geschehen zu Ende geführt werden mag, so wird hier die unmittelbare Erfahrungswelt der Kinder sehr schnell zum Transfer herausfordern. Im realitätsbezogenen Puppenspiel fallen die Sympathieentscheidungen nicht so leicht wie im traditionellen Spiel, wo die Guten und die Bösen von vorneherein bekannt sind.

Dieser Typ des Puppenspiels kann durchaus auch unterhaltenden Charakter haben, er wird aber dabei nicht stehenbleiben. Er wird vielmehr zur Reflexion von Verhaltensweisen anregen, welche dem Kind in seiner konkreten Umwelt begegnen oder begegnen können. Hier bieten sich didaktische Möglichkeiten, die wir unter dem Gesichtspunkt „Sozialerzieherische Aspekte des Puppenspiels" noch ausführlicher betrachten werden (vgl. S. 116 ff.).

VII. Formen des Puppenspiels

Wenn wir von Formen des Puppenspiels sprechen, so ist damit das Verhältnis zwischen den spielenden Figuren und den Zuschauern angesprochen, welches sich im Verlauf des Spiels herausbildet, das aber vom Spieler oder von den Spielern beabsichtigt wird. Durch die Wahl der Spielform werden bereits Vorentscheidungen darüber getroffen, was das Spiel bei den Zuschauern bewirken soll.

Wir möchten einmal fünf Grundformen unterscheiden, die allerdings modifiziert werden können und bei denen teilweise auch die Möglichkeit besteht, sie innerhalb eines Stückes zu vermischen:

1. die geschlossene Form
2. die offene Form
3. die halboffene Form
4. die übergreifende Form
5. der Handpuppendialog.

1. Die geschlossene Form

Bei der geschlossenen Form gehen die (der) Spieler davon aus, den Zuschauern eine Handlung vorzuführen, die fest geformt ist und so abläuft, wie sie von den Spielern geplant ist. Von seiten der Zuschauer besteht keine Möglichkeit der Einflußnahme auf den Verlauf der Handlung. Ihre Aktivitäten sind auf emotionale Äußerungen oder auf das geistige Mitvollziehen des Geschehens beschränkt. Den Verlauf der Ereignisse können die Zuschauer bestenfalls durch Beifallsäußerungen begleiten oder aber durch ablehnende Bemerkungen kommentieren. Hier liegt vom äußeren Rahmen und von der Atmosphäre her eine ähnliche Situation vor, wie wir sie im klassischen Theater erleben. Auch im Puppenspiel besteht die Möglichkeit, über das Stück Bildungsgut und Bildungswerte zu vermitteln, wobei die Zuschauer durch ihr Miterleben innerlich Stellung beziehen. Damit handelt es sich nicht nur um eine mehr oder weniger passive, rezeptive Haltung, sondern um einen aktiven geistigen Vorgang.

Die geschlossene Form erfordert jedoch eine Nachbesprechung im Sinne der Verarbeitung und Problembewältigung. Ähnlich wie beim Lesen oder Vorlesen wird das Erfahrene und Gesehene besprochen. Die Kinder müssen Gelegenheit haben, Unverstandenes zu erfragen, Meinungen zu äußern und gefallen oder Mißfallen zu begründen.

In dieser Form wird das Puppenspiel zum Literaturerleben in

dramatischer Gestalt. Es stellt für die Kinder eine Vorschule dramatischen Kunstverständnisses dar, das darüber hinaus kindliche Vorstellungs- und Problemwelt zum Gegenstand haben kann.

2. Die offene Form

Bei dieser wie bei den folgenden Spielformen fällt den Zuschauern eine aktive Gestaltungsrolle zu, sie nehmen Einfluß auf das Geschehen.

Am ausgeprägtesten geschieht dies bei der offenen Form. Hier wird das Spiel von den Spielern initiiert, sie setzen einen Spielimpuls, indem sie eine oder mehrere Figuren auftreten lassen, ohne jedoch direkt Hinweise auf den Spielverlauf zu geben. Die Zuschauer greifen den Impuls auf und dirigieren nun das Spiel verbal, indem sie das Auftreten von Figuren fordern und vorschlagen oder bestimmen, was diese tun sollen. Es ist also das Spiel der Zuschauer, ohne daß sie selbst die Puppen führen.

Die Spieler haben die Möglichkeit, die Vorschläge der Kinder einfach auszuführen oder aber zu problematisieren. Es ist klar, daß die Kinder oft unreflektiert Forderungen stellen, die in der Wirklichkeit eine Normverletzung darstellen würden. Ganz abgesehen von den diagnostischen Möglichkeiten, die sich daraus ergeben, können die Kinder dazu gebracht werden, ihre spontanen, aber oft affektiven Aktionsvorschläge zu bedenken und besser einschätzen zu lernen. Allerdings müssen es die Spieler vermeiden, die Kinder auf diese Weise moralisch zu gängeln. Es muß möglich sein, im Spiel Normen zu verletzen und Tabus zu durchbrechen, wenn es dem Kind helfen soll, mit derartigen Problemen fertig zu werden; nur darf es nicht dabei stehenbleiben.

Die Impulse, die von den Spielern gegeben werden, können verschiedenster Art sein. Schon das Auftauchen einer Figur stellt einen derartigen Anstoß dar. Dabei ist zu beobachten, daß unterschiedliche Figuren auch unterschiedlich stark motivieren. Eine starke Wirkung geht natürlich vom Kasper aus, bei dessen

Auftreten die Kinder zumeist rasch irgendwelche Aktionsvorschläge machen. Das gleiche gilt auch für die „bösen" Figuren
Hexe, Teufel und Räuber. Allerdings werden sie zumeist nicht
zu Taten aufgefordert, sondern ihr Auftreten löst die Forderung nach Gegenkräften, z. B. Kasper oder Polizist, aus.

Etwas anders verhält es sich bei den neutralen, selbsterfundenen Figuren, deren Wesen die Zuschauer nicht von vorneherein
kennen, die nicht als böse oder gut bekannt sind. Diese „Offen-
heit" der Figuren verunsichert die Kinder anfangs, sie wissen
nicht, was sie von der Figur zu halten haben und sind deshalb
zurückhaltender in ihrer Einflußnahme. Andererseits ermögli-
chen die offenen Figuren gerade das Spiel realitätsbezogener Situationen besonders gut.

Auch verbale Impulse sind möglich. Sie sind zumeist sogar
notwendig, wenn die Kinder diese Spielform kennenlernen.
Sie kommen ja in der Erwartung, ein Stück vorgespielt zu bekommen, und machen nun die Erfahrung, daß die Figuren
nicht „wissen", was sie tun sollen. So sind bisweilen Fragen an
die Kinder notwendig oder aber Aufforderungen zu Vorschlägen.

Beispiel: Ein Hund erscheint auf der Bühne (neutrale Figur) und beklagt sein Alleinsein (verbaler Impuls). Er kann die Kinder bitten, ihm
einen Rat zu geben, was er tun soll (verbaler Impuls – Aufforderung).
Er kann fragen, mit wem er denn etwas Lustiges erleben könnte (verbaler Impuls – Frage).

Es wird deutlich, daß die offene Form des Puppenspiels ein
spielerfahrenes Publikum erfordert, wenn es zu einer größeren
Handlung kommen soll. Es stellt höhere Anforderungen an die
aktive Teilnahme am Geschehen, das Mitgehen der Kinder wird
hier zur spielbestimmenden Kraft.

Auf der anderen Seite kommt diese Spielform den spontanen
Einfällen der Kinder entgegen. Sie können gleichsam experi-
mentierend Figuren fordern und Handlungsvorschläge machen
und dabei beobachten, welcher Effekt durch die Initiative entsteht.

Für die Spieler ergibt sich das Problem, möglichst viele Figuren bereitzuhalten, welche die geforderten Rollen übernehmen

können. Dies sind in der Regel die bekannten Gestalten, die zum traditionellen Ensemble gehören. Sobald die Kinder jedoch neue Figuren kennengelernt haben, werden auch diese sehr bald ins Spiel miteinbezogen.

In dieser Spielform haben die Kinder die Möglichkeit, erlebte, vorgestellte oder gewünschte Ereignisse ins Spiel zu bringen. Damit gewinnt das Spiel dann eine erlebnisverarbeitende und umweltklärende Funktion.

3. Die halboffene Form

Die halboffene Form ist die am meisten praktizierte. Hier können die Zuschauer mitsprechen, Ratschläge erteilen und Vorschläge machen, ohne jedoch den Verlauf des Stückes prinzipiell verändern zu können. Die Problemsteuerung erfolgt durch die Spieler, sie haben ein festes Konzept einer Spielhandlung, das gegebenenfalls auch gegen den Widerspruch der Kinder durchgehalten wird.

Je nach Engagement der Zuschauer kann sich das Spiel hier näher zur geschlossenen oder zur offenen Form hin bewegen. Es kann phasenweise offen und geschlossen sein, ohne vollständig in eine dieser Formen einzumünden.

Dem Verlauf nach beginnt es zumeist in der Weise, daß die Spieler das Spiel mit einem Problem eröffnen und die Zuschauer erst dann einzugreifen beginnen, wenn sie eine Gefährdung für einen Helden befürchten oder aber Zustimmung bzw. Ablehnung bekunden wollen. Durch direkte Anrede der Zuschauer kann das Spiel jedoch gleich von Anfang an geöffnet werden, so daß die Kinder den Eindruck gewinnen, von vorneherein Einfluß nehmen zu können.

Diese Spielform ist gut dazu geeignet, (soziale) Problem- und Konfliktsituationen aus der kindlichen Erlebniswelt über andere Figuren ins Bewußtsein der Kinder zu bringen. Fehlverhalten wird deutlich gemacht, Ursachen von Fehlverhalten können spielend aufgedeckt werden. Durch ihr Konzept garantieren die Spieler trotz Einmischung durch die zuschauenden Kinder die akzeptable Lösung.

101

Beispiel: Der Erzieher beobachtet in der Phase den Streit zweier Kinder, oder er erfährt davon. Eine Besprechung des Konflikts in der ganzen Gruppe (Klasse) ist sinnvoll, wobei allerdings die Gefahr besteht, daß die Argumente der anderen Gruppenmitglieder von Sympathien oder Antipathien für den einen oder anderen Beteiligten geprägt sind. Der Erzieher kann nun den Konflikt mit zwei (neutralen) Puppen vorspielen, so daß die Kinder weit mehr zum Problem Stellung nehmen, als daß sie sich von den streitenden Personen beeinflussen lassen. Im Anschluß daran erfolgt dann der Transfer.

Die halboffene Form führt über das Miterleben hinaus zur unmittelbaren Stellungnahme der Zuschauer zu einem Vorgang. Die von den Spielern herbeigeführte Lösung muß aber gut durchdacht und akzeptabel sein.

Natürlich besteht hier die Gefahr eines undemokratischen Diktats von Normen, wobei das Mitspracherecht der Zuschauer der vorgespielten Lösung nur den Anschein demokratischer Auseinandersetzung gibt. Dies gilt besonders für jene Spiele, in denen Situationen aus dem kindlichen Erfahrungsbereich auf die Bühne gebracht werden, also beim realitätsbezogenen Puppenspiel.

4. Die übergreifende Form

Bei der übergreifenden Form werden die Kinder von Zuschauern zu Mitspielern, sie greifen aktiv spielend ins Geschehen ein.

Es beginnt damit, daß Kinder während des Spiels zur Bühne kommen, mit den Figuren Kontakt aufnehmen, sie zu liebkosen oder aber, was viel häufiger vorkommt, sie zu schlagen versuchen. Diese Form der Anteilnahme kann bis zum erzwungenen Ende des Spiels führen, da hier vor allem emotionale Antriebskräfte vorherrschen. Das Bedürfnis der Kinder, aktiv einzugreifen, kann aber auch dadurch gesteuert werden, daß man Puppen bereitlegt oder aber schon vorweg an Kinder verteilt, mit denen sie dann entweder hinter die Bühne kommen oder von der Zuschauerseite her mitspielen können.

Die übergreifende Form schließlich kann dazu führen, daß sich die eigentlichen Spieler immer mehr aus dem Spiel zurückziehen und es am Ende ganz in Hände der Spontan-Spieler fällt. Damit findet nicht nur ein Spielerwechsel statt, sondern das halboffene Spiel wird zur offenen Form, da ja zwischen den Zuschauer-Spielern keinerlei Absprache besteht und die anderen Zuschauer weiterhin mitsprechen und dazwischenrufen können.

Die übergreifende Form ermöglicht es den Kindern, Figuren zu übernehmen, die sie mögen, und sie so handeln zu lassen, wie sie es wollen. Allerdings wird sich diese Spielform nur dort verwirklichen lassen, wo das Publikum spielerfahren genug ist, um selbst ein Spiel zu gestalten.

5. Der Handpuppendialog [107]

Bei dieser Form handelt es sich gar nicht um ein Spiel im eigentlichen Sinn, da hier die Handlung fehlt. Beim Handpuppendialog tritt eine Handpuppe mit den Schülern ins Gespräch. Denkbar ist es allerdings auch, daß diese Puppe sich mit dem Lehrer unterhält. Da kein Geschehen abläuft, sondern das Miteinander-sprechen im Mittelpunkt steht, bedarf es auch keiner Bühne oder anderem, beim traditionellen Puppentheater üblichen Zubehör.

„Praktisch stellt sich das etwa so dar, daß der Lehrer eine Puppe führt, sie zur Klasse sprechen läßt und auch in seiner Rolle als Lehrer mit ihr redet, ohne weitere Requisiten oder ein besonderes Handlungsprogramm zu benutzen. Sie kann auch als eine Art Dauergast vom Lehrer mit dem Hinweis eingeführt werden, daß sie gerne zur Klasse gehören möchte; danach könnte die Puppe schon ‚selbst‘ die Schüler darum bitten, ihr einen Namen zu geben – daraus entwickelt sich ein erstes Gespräch." [108]

Hieraus wird deutlich, daß bei diesem Spiel nicht unbedingt davon ausgegangen wird, eine der typischen Figuren zu verwenden, ja daß es sogar vielfach günstiger ist, eine offene, neutrale Figur zu benützen, die nicht durch ein überliefertes Rollenmuster festgelegt ist. Schiffler schlägt eine Puppe vor, die zwar einen Mund hat, der sich auf- und zuklappen läßt, ansonsten jedoch keine übersteigerten, karikaturistischen Merkmale besitzt, durch welche sie von vornherein auf einen Typ festgelegt sein könnte.

Inhaltlich könnten wir diese Form jenem Typ zuordnen, den wir als realitätsbezogenes Puppenspiel bezeichnet haben (vgl. S. 95). Die Vielzahl der großen und kleinen Schwierigkeiten, welche Kinder beim Schulanfang, aber auch vielfach in den folgenden Klassen haben, können hier Gesprächsgegenstand werden.

Man wird den Handpuppendialog also vor allem dann anwenden, wenn es die Puppe als Medium zwischen allen am Gespräch Beteiligten erleichtert, Auffassungen und Meinungen zum Ausdruck zu bringen; denn „die Handpuppe als Gesprächspartner im Unterricht wirkt für alle Beteiligten situationsverändernd"[109]. Was man sich der Puppe zu sagen getraut, würde man gegenüber dem Lehrer nicht wagen, obwohl dieser sichtbar zugegen ist.

Drei Motive lassen sich für den Handpuppendialog aufzeigen:

– um – aus der Sicht des Lehrers – in einer möglichst offenen Gesprächssituation Einblick zu gewinnen in Ursachen schulischer Sozialisationsschwierigkeiten,

– um Schüler miteinander über solche Schwierigkeiten ins Gespräch zu bringen,

– um mögliche Problemsituationen des Schulalltags vorwegzunehmen, ihre Ursachen zu besprechen und sie so für die Schüler selbst vermeiden zu helfen.[110]

Der Handpuppendialog unterscheidet sich von den übrigen Formen des Puppenspiels also vor allem durch seine Intention, über das Gespräch mit einer Figur Schwierigkeiten aus dem realen Erfahrungsraum der Kinder klären zu helfen.

Zusammenfassung

Die Darstellung der verschiedenen Formen des Puppenspiels hat gezeigt, daß Ausmaß und Art und Weise der Aktivität der Kinder von der gewählten Spielform abhängen. Die Entscheidung für eine bestimmte Form ist schon eine Vorentscheidung für die Möglichkeit des Spiels.

Allerdings kommt es auch noch darauf an, welcher Spieltyp für eine bestimmte Form gewählt wird, ob mehr die phantastischen oder die realistischen Momente überwiegen.

Es ist aber durchaus denkbar, daß – mit Ausnahme des Handpuppendialogs – alle Formen auch alle Inhalte erspielen könnten. Daraus ergäben sich folgende Möglichkeiten:

Form Inhalt	geschlossen	offen	halb-offen	über- greifend	Handpup- pendialog
phantastisch	x	x	x	x	
phant.- realistisch	x	x	x	x	
realistisch	x	x	x	x	x

105

VIII. Das Puppenspiel der Kinder

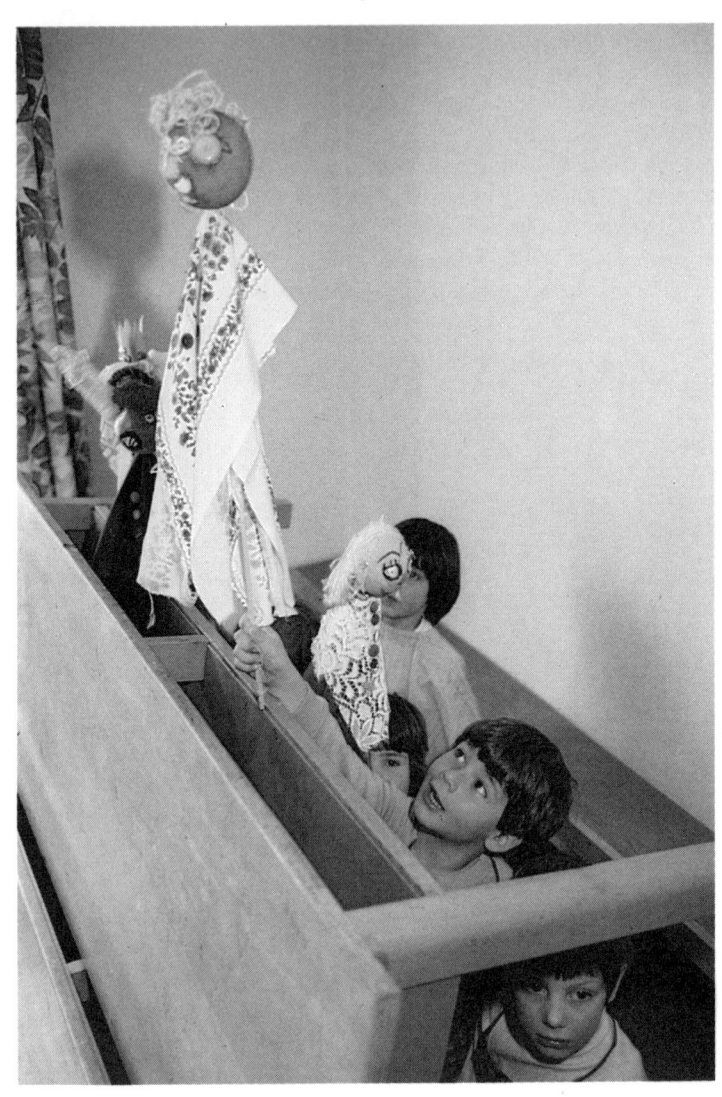

Vielfach begegnen die Kinder dem Puppenspiel zum erstenmal außerhalb einer pädagogischen Institution wie Kindergarten und Grundschule. Die Zahl der durch das Land ziehenden Puppenspieler ist zwar selten geworden, dennoch liest man immer wieder die Ankündigungen von Puppenspielen und Kasperletheatern selbst in kleinen Gemeinden.

Hier werden den Kindern zumeist märchenhafte Stücke vorgespielt im Sinne der geschlossenen Form, an denen sie Freude haben sollen, indem sie sich durch die unterschiedlichen Figuren und ihr Handeln beeindrucken lassen, Angst miterleben und schließlich im erlösenden, glücklichen Ende ihre Erwartungen und Wünsche erfüllt sehen. Daß es beim Zuschauen nicht allein um eine momentane Erfahrung geht, haben die vorangegangenen Abschnitte gezeigt.

Diese Puppenspiele haben keine erzieherischen Absichten im engeren Sinne, wenn man einmal davon absieht, daß auch hier bestimmte Wertkategorien vermittelt werden.

Zunächst sollte das Puppenspiel auch allein in der Weise verlaufen, daß Lernen und Lehren nicht die Motive des Spiels sind, und auch später dürfen diese Motive nicht so hervortreten, daß sie für die Kinder spürbar werden. In der erzieherischen Situation des Kindergartens und der Grundschule muß – je nach Vorerfahrungen der Kinder – das Puppenspiel zunächst einmal spannungsvolles und heiteres Erlebnis bleiben.

Dabei kann das Engagement der Kinder, wie der vorangegangene Abschnitt bereits gezeigt hat, recht unterschiedlich sein: Es reicht vom Zuschauen bis zum Selberspielen. Wenn es auch im pädagogischen Feld nicht Ziel sein kann, aus jedem Kind einen Puppenspieler zu machen, so müssen doch die möglichen Aktivitäten der Kinder bedacht werden, denn sie können vor der Bühne und dahinter aktiv werden.

Das Verhalten im Umgang mit Puppen ist nicht gleichbleibend, sondern es entwickelt und verändert sich. Das ist leicht zu beobachten, wenn man einem Kleinkind, das keine Puppenspielerfahrung hat, eine Handpuppe zum Spielen gibt. Die Kleinen verwenden sie so, wie sie auch mit ihrer üblichen Puppe oder einem Kuschelwesen umgehen. Sie werden zwar anthropomorph gesehen, sind aber Gegenüber, sie sind Spielpartner.

Erleben kleine Kinder Puppenspiel, so bleiben sie zunächst Zuschauer. Sie beobachten das Geschehen, zeigen Äußerungen der Angst und der Freude, ohne jedoch den Versuch zu machen, die Distanz zwischen sich und der Bühne zu überwinden. Aber schon bald nach den ersten derartigen Erlebnissen fangen sie damit an, selbst mit Puppen, zumeist mit Handpuppen zu hantieren und bestimmte Gestalten zu imitieren. Damit bahnen sich die ersten Möglichkeiten zum eigenen Spiel an. Das Entscheidende dabei ist, daß die Kinder nun die Puppe nicht mehr als Gegenüber ansehen, sondern daß sie selbst in die Rolle der Figur schlüpfen, daß sie selbst die Figur darstellen wollen.

Manche Kinder erreichen schon sehr bald – noch im Vorschulalter – eine gewisse Perfektion in der Übernahme von Rollen. Die Verfasser haben fünf- und sechsjährige Kinder erlebt, die mit verblüffender Eigenständigkeit die Rollen von Figuren übernommen und Handlungen improvisiert haben. Zwar wurden dabei oft die üblichen Gut-Böse-Muster übernommen, dennoch kam es zu originellen Spielhandlungen. Dabei kann man bei den Kindern recht unterschiedliche Arten der Teilnahme am Puppenspiel beobachten. So haben wir beim regelmäßigen Spiel im Kindergarten bemerkt, daß ein Junge ganz bestimmte Taktiken entwickelte, um dem Spiel neue Spannungseffekte zu verleihen. Während die anderen Kinder den Kasper in seinem Bemühen, dem Guten zum Siege zu verhelfen, lautstark und tatkräftig unterstützten, versuchte er das Schema des Spiels zu unterlaufen. Er animierte andere Kinder dazu, sich nicht in der erwarteten Weise zu verhalten, den Kasper einmal nicht zu warnen, sondern ihn ruhig in die Falle gehen zu lassen. Umgekehrt wurden auch Räuber und Teufel ermuntert, etwas „Böses" zu tun.

Hier zeigt sich ganz deutlich das bereits erwähnte Bedürfnis der Tabu-Durchbrechung, das die Kinder besonders beim eigenen Spiel befriedigen können.

Deshalb sollte beim Puppenspiel immer auch die Möglichkeit des eigenen Spiels der Kinder angestrebt werden. Puppenspiel soll nicht nur aus der Perspektive des Zuschauers erlebt, sondern im Laufe der Zeit auch im eigenen Vollzug erprobt werden. Dies ist besonders dann von Bedeutung, wenn es darum geht, das Puppenspiel in den Dienst sozialen und sprachlichen Lernens zu stellen. In beiden Fällen sind die Möglichkeiten zum Lernen durch Spielen in ähnlicher Weise gegeben wie beim Rollenspiel.

Das Puppenspiel ermöglicht es also den Kindern, sowohl Zuschauer als auch Spieler zu sein. Ihr Verhalten in der Rolle der Zuschauer haben wir bereits beschrieben. Als Spieler sind sie nicht mehr nur Sympathisanten der einen oder Opponenten der anderen Figuren, sondern sie identifizieren sich weit stärker mit den Puppen, die sie bedienen, und den Problemen und Vorgängen, die sich ereignen.

IX. Pädagogische Aspekte des Puppenspiels im Kindergarten und in der Grundschule

Spiel und Schule sind auch heute noch im Verständnis vieler Erwachsener, sogar mancher Lehrer, zwei einander ausschließende Begriffe. Spiel wird dem ungebundenen Freiraum des Kindergartens zugeordnet, während sich mit Schule die Vorstellung von Lernen durch Arbeit verbindet. Gerade Lehrer, die es in der Grundschule versuchten, auch nach Ablauf des ersten Schuljahres noch in größerem Umfang spielerische Lernformen ins Unterrichtsgeschehen mit einzubeziehen, gerieten gelegentlich bei Eltern und Kollegen in ein zweifelhaftes Licht. Insbesondere die Eltern sorgten sich häufig darüber, weil sie befürchteten, daß ihre Kinder nicht genug lernen würden. Auch heute ist es noch so, daß jene Lehrer, bei denen die stets sichtbaren und meßbaren Lernerfolge die gesamte schulische Arbeit bestimmen, bei vielen Eltern ein höheres Ansehen genießen. „Die Kinder lernen viel bei ihm!", „Er ist ein guter, strenger Lehrer!" sind die Redewendungen, die sich zumeist auf solche Unterrichtsweisen beziehen. Dagegen nehmen sich die Kommentare, die sich auf die spielfreudigen Lehrer beziehen, oft zweifelnd bis besorgt aus: „Die Kinder gehen gern in die Schule, aber sie spielen ein bißchen viel!", „Sie sollten mehr lernen und weniger spielen!" Hieraus wird deutlich, daß Spielen als Unterhaltung und arbeitsmäßiges Lernen im Dienst schulischer Bildung verstanden wird.

Daß dies nicht so ist, war eigentlich allen Vorschulpädagogen, den Erzieherinnen in den Kindergärten, schon immer klar. Daß dergleichen aber auch für das Schulalter Gültigkeit hat, fand schon weniger Einsicht.

Ob das Spiel auch in der Grundschule einen Platz haben soll oder nicht, hat der gegenwärtig gültige Bildungsplan für Baden/Württemberg zumindest für diesen Raum entschieden. Spielen wird als notwendige Form schulischen Lernens gefordert,

Spiel in der Schule muß sein: „Spielendes Lernen oder lernendes Spielen sind ein wesentlicher Teil der Arbeit in der Grundschule. Das Spiel fördert in ausgewogener Form die emotionalen, psychomotorischen, intellektuellen und sozialen Kräfte und Fähigkeiten der Kinder. Es schafft Gemeinschaft, hilft Konflikte lösen, verlangt Sensibilität und Einfühlungsvermögen, ermutigt gehemmte und scheue Kinder zur Äußerung und Selbstdarstellung, verlangt von allen Mitspielern Selbstdisziplin und Kooperationsbereitschaft und regt die schöpferische Phantasie und Gestaltungskraft an. Das Spiel verlangt fächerübergreifende Unterrichtsplanung und -gestaltung und ermöglicht vielseitiges Lernen. Anlässe zum Spielen liefern der Unterricht, der Fest- und Jahreskreis, das lokale und regionale Brauchtum, die Lebenswirklichkeit, insbesondere das Leben in der Schule." [111]

Damit ist auch das Puppenspiel als spezielle Form des Spiels in der Schule legitimiert. Mehr noch: Es erfüllt in geradezu idealer Weise die an Spielen gestellten Erwartungen. Dies soll im folgenden durch die Darstellung von Möglichkeiten in unterschiedlichen Lernbereichen verdeutlicht werden.

1. Zusammenhang zwischen Spielform und Absicht

Bei den Ausführungen über die Formen des Puppenspiels wurde darauf hingewiesen, daß durch die Wahl einer bestimmten Spielform bereits Vorentscheidungen darüber getroffen werden, was die Zuschauer beim Spiel lernen sollen oder können. Jede Form erwartet vom Zuschauer spezifische Verhaltensweisen, wenn das Spiel eine bestimmte Absicht verfolgt.

So haben wir die geschlossene Form in der Weise dargestellt, daß sie die Möglichkeit bietet, ein Literaturerlebnis in dramatischer Gestalt zu vermitteln. Sie schafft Voraussetzungen, welche den späteren Umgang mit dem Drama erleichtern und produktiver machen. „Die schulischen Voraussetzungen, die für eine erfolgreiche Arbeit mit dem Drama gesehen werden müssen, bestehen – wie von vielen Didaktikern und Methodikern richtig erkannt – im Spiel. Märchenspiel, Kasperspiel,

Stegreifspiel, Pantomime sind Formen, auf die ein Unterricht mit dem Drama aufbauen müßte."[112]

Aber nicht nur im Hinblick auf Umgangsformen mit dem Drama im Laufe der Schulzeit kommt der geschlossenen Form des Puppenspiels Bedeutung zu. Es werden ja auch Inhalte dargestellt und damit Aussagen gemacht, welche von den Zuschauern aufgenommen werden.

Damit wäre der bildende Charakter des Puppenspiels direkt angesprochen. In der Darstellung von Handlungen ist die Möglichkeit „zum Weltvernehmen, Wertverstehen und Sinndeuten als Voraussetzung für die Wertverwirklichung beinhaltet. Darüber hinaus bietet das Spiel Möglichkeit zur Wertklärung, Wertanalyse und Werteinschätzung an und schafft Voraussetzungen für das Werthandeln".[113]

Die geschlossene Form des Puppenspiels führt den Kindern menschliche Verhaltensweisen in realistischer und durch phantastische Figuren übersteigerter Art vor. Selbst wenn die auftretenden Personen nicht wirklich sind und das Geschehen auch recht unrealistisch verläuft, so offenbart es doch die allen dramatischen Formen immanente Auseinandersetzung zwischen positiven und negativen Kräften, welche vom Zuschauer miterlebt und miterlitten wird. Gerade hierin übt das Puppenspiel eine wertvermittelnde und meinungsbildende Funktion aus, welche vor allem im Hinblick auf soziales Gerechtigkeitsstreben sichtbar wird. „Das Kasperspiel spiegelt eine Welt voll gesellschaftlicher Gegensätze wider. Auf der positiven Seite stehen Kasper, Seppel, Gretel, Großmutter; ihnen gegenüber Räuber, Hexe und Teufel; König, Prinzessin und Polizist verkörpern eine hilfreiche Gewalt, die die positiven Kräfte unterstützt."[114] Diese Aussage läßt sich auf die anderen Arten von Puppenspiel übertragen.

Hinter der Wahl der geschlossenen Form des Puppenspiels wird sich also die Absicht verbergen, den Zuschauern über dargestellte Handlung ein Erlebnis bestimmter Wertkategorien zu vermitteln. Daß dabei ein humorvolles Spiel dafür sorgt, daß diese unaufdringlich erscheinen, ist nicht nur eine formale Forderung, sondern ein wichtiger didaktischer Aspekt.

Die halboffene Form, die den Zuschauer scheinbar sehr aktiv

am Geschehen teilnehmen läßt, fordert nicht nur das Mitleiden und Miterleben heraus, sondern die konkrete Stellungnahme in der unmittelbaren Spielsituation. Das Spiel hat hier die Absicht, neben der sprachlichen Anforderung an die Kinder vor allem den Reflexionsprozeß zu stimulieren. Werte werden also nicht nur in Handlungen vorgeführt, sondern sie werden problematisiert, sie werden bezweifelt, hinterfragt und die Zuschauer zur Meinungsäußerung herausgefordert. Sie sind am Problemlösungsvorgang beteiligt, auch wenn sie keinen Einfluß darauf nehmen.

Darüber hinaus kommt dem Vorgang, daß Kinder mit Puppen in einen emotionalen und verbalen Kontakt treten können, eine besondere Bedeutung zu. Das Verhältnis zu ihnen ist ambivalent: Sie sind zwar nur Puppen, aber im Spiel sind sie weit mehr. Sie sind eine Realität, sie sind beseelt, sie sprechen und werden zu wirklichen Gesprächspartnern der Zuschauer; denn die Kinder sprechen mit *ihnen* und nicht mit dem, der sie führt.

In seinem Tagebuch drückt Max Frisch diese Erfahrung angesichts von Marionetten nach einem Spiel folgendermaßen aus: „Gestern wieder einmal in einem Puppenspiel, und nachdem alles zu Ende war, durften wir sogar hinter das Bühnchen treten. Es ist ein enger Raum mit verbrauchter Luft, verwundert betrachten wir die hangenden Puppen, irgendwie ungläubig, ob es wirklich die gleichen sind, die uns eben bezaubert haben. Auch der Teufel hängt nun an der Latte, schäbiger, als man erwartet hat. Während des Spieles wirken sie immerfort anders, je nach der Szene, je nach den Worten, die sie selbst nicht sprechen und hören ... wenigstens ist man im stillen betroffen, wie die Puppen plötzlich ins Leere starren, leblos, geistlos, als kennen sie uns nicht wieder ...“ [115]

Während des Spiels entsteht zwischen Puppen und Zuschauern bei der halboffenen Form eine Beziehung, die es dem Spieler möglich macht, die Zuschauer über seine Puppen herauszufordern, ihre Auffassungen kennenzulernen und sich über die Puppen mit ihnen auseinanderzusetzen. Für den Zuschauer ist es jedoch nicht der Spieler, mit dem sie in Kontakt treten, sondern es sind die Figuren.

Wir haben gezeigt, daß bei der offenen Spielform die Zuschauer Regie führen. Hier können also die Kinder ihre spontanen Bedürfnisse nach Lust und Laune einbringen.

Die Absicht, welche hinter der Wahl dieser Spielformen liegt, leitet sich aus den Möglichkeiten der Zuschauer ab. Sie werden zur Aufdeckung ihrer Spielverlaufswünsche herausgefordert und müssen es daher lernen, selbst gegebene Handlungsanweisungen zu steuern und zu korrigieren, falls unerwartete und unbeabsichtigte Folgen eintreten.

Besonders dann, wenn die Kinder diese Spielform die ersten Male erleben und noch nicht so richtig erfaßt haben, daß das auch passiert, was sie wünschen, dominieren die raschen, unkomplizierten und oft auch schlagkräftigen Lösungen als Sieg des Guten über das Böse. Durch Einbeziehung einer größeren Zahl von Figuren werden die Handlungsabläufe jedoch komplizierter, und die Kinder lernen es, ihre Möglichkeiten zielbewußter einzusetzen.

Neben der Förderung von Kreativität und sprachlichem Können, worauf wir im folgenden noch zu sprechen kommen, wird der Erzieher oder Lehrer hier vor allem auch das spontane Verhalten und die Bedürfnisse seiner Kinder beobachten. Hier kann er sich viele Hinweise holen, wie er seine Maßnahmen zur Sozialerziehung individualisieren kann.

Bei der übergreifenden Form, bei der die Kinder von Zuschauern zu Spielern werden, sollen sie nicht nur verbal steuernd ins Spiel eingreifen, sondern selbst eine Figur nehmen, in deren Rolle schlüpfen und sie nun selbst spielen. Ziel ist dabei, die Kinder im Laufe der Zeit dazu zu befähigen, improvisierend ein Spiel zu gestalten, wobei jeder sich auf die jeweiligen Mitspieler einstellen muß. Die Nähe zum Rollenspiel ist dabei unübersehbar, zumindest was die Beziehung der Spieler untereinander angeht. Allerdings kommt hier noch hinzu, daß durch die phantastischen Möglichkeiten der Bereich diesseitiger Problemlösungsstrategien durchbrochen werden kann (Zauber, Wunder).

Besonders interessant für den Lehrer wird die Beobachtung, welche Kinder sich welchen Puppen zuwenden und wie sie damit umgehen. Derartige Beobachtungen lassen sich allerdings

115

auch schon dann machen, wenn man den Kindern vorspielt und ihnen hinterher die Puppen überläßt. Zwar besteht eine große Neigung zum Kasper, aber es ist auffallend, daß bestimmte Kinder eher zu anderen Figuren greifen und in deren Rollen schlüpfen. Die Kinder stellen sich dann mit ihrer Figur in der Hand hinter die Bühne und wenden sich an das verbliebene Publikum, wobei sie die Rolle ihrer Puppe auszufüllen versuchen. Dabei kommt es zwar vor, daß mehrere Kinder nebeneinander her ihre Figuren agieren lassen, ohne allerdings zu einer gemeinsamen Spielhandlung zu kommen. Es werden nur charakteristische Verhaltensweisen der jeweiligen Figur gegenüber dem Publikum kundgetan.

Daraus läßt sich der Schluß ziehen, daß viele Kinder ihre besonderen Bedürfnisse und Wünsche sehr gern hinter bestimmten Puppen verstecken. Dies gilt ganz besonders für Verhaltensweisen, welche im realen Leben nicht gestattet sind. Die Puppe erlaubt es, Tabus zu berühren und sie zu überschreiten.

Die Absichten, welche der Handpuppendialog verfolgt, wurden bereits deutlich genannt (vgl. S. 103 ff.). Er ist die zielstrebigste Form, wenn man das Spiel mit Puppen nur von der didaktischen Seite her betrachtet.

Bei all den genannten Absichten darf jedoch der Blick auf die Freude am Spiel nicht verlorengehen. Spiel soll Freude bereiten, und nur wenn der Spaß am Spiel nicht erdrückt wird durch die dahinter stehenden Intentionen, bleibt das Puppenspiel das, was es immer vor allem sein muß: ein Spiel.

2. Sozialerzieherische Aspekte des Puppenspiels

Wir haben bereits dargestellt, daß Puppenspiel in verschiedenen Formen auftreten kann. In der geschlossenen Form ist es ein darstellendes Spiel, in dem Probleme und Konflikte vorgespielt werden und auch die Lösung vorgegeben wird. Im nachhinein können die Kinder dann zum Ergebnis Stellung beziehen, am Vorgang der Lösung sind sie jedoch nicht beteiligt.

Dies ändert sich in dem Augenblick, wo sich das Puppenspiel von seiner Verlaufsform her dem Rollenspiel nähert. Wir wollen an dieser Stelle darauf verzichten, Begriffsbestimmung und Diskussion von Rollenspiel vorzunehmen: Die Literatur zu dieser Thematik ist sehr umfangreich*.

Statt dessen soll gezeigt werden, wie Kinder in unterschiedlicher Weise an der Lösung und damit an der Reflexion von sozialem Verhalten beteiligt werden.

Dabei beschränken wir uns auf die Beobachtung jener Spielformen, welche die günstigsten Voraussetzungen bieten, nämlich diejenigen, in denen die Kinder tatsächlich am Entscheidungsprozeß beteiligt werden.

Richtziele, an denen sich das soziale Lernen orientiert, wie „Mündigkeit, Selbständigkeit, Urteilskraft, Kritikfähigkeit, Entscheidungsvermögen, Spontaneität, Sensibilität für den anderen oder das andere, Gruppenfähigkeit (43)[116], sind ohne gleichzeitig angestrebte Rollendistanz (Reflexion eigenen Rollenverhaltens) nicht realisierbar. Dazu gehört dann notwendig die Überwindung von Konfliktscheu und das Training adäquaten Konflikt- und Problemlöseverhaltens in einem Raum, in dem autonomes Verhalten in Situationen, zu Gegenständen und Partnern nicht postwendend den Mechanismus von Strafe und Belohnung in Gang setzt."[117].

In einfacher Weise lassen sich derartige Zielsetzungen bereits beim halboffenen Spiel mit traditionellem Figurenarsenal realisieren. Gehen wir zunächst einmal davon aus, daß der Lehrer oder Erzieher vorspielt, so kann er seine sozialerzieherischen Zielvorstellungen in der Auseinandersetzung der Figuren unter-

---

* Wir wollen an dieser Stelle nur einige Titel nennen:
Coburn-Staege, Ursula, Lernen durch Rollenspiel – Theorie und Praxis für die Schule, Frankfurt a. M. 1977.
Ernst, Anselm, Das Rollenspiel im Unterricht, Ravensburg 1976.
Freudenreich, Dorothea u. a., Rollenspiel für Kinder und Erzieher, Hannover 1976.
Dgl., Kooperation – Lernen durch Rollenspiel, 1. bis 4. Schuljahr, München 1977.
Kochan, Barbara (Hrsg.), Rollenspiel als Methode sprachlichen und sozialen Lernens, Kronberg, Ts., 1976.
Shaftel, Fanny R. u. a., Rollenspiel als soziales Entscheidungstraining, München ³1976.
Wendland, W., Rollenspiel in Erziehung und Unterricht, München 1977.

einander anlegen und die Diskussion und Klärung von Problemen und Konflikten dadurch abwickeln, daß er das Für und
Wider teils über die Puppen, teils über die Kinder zur Sprache
kommen läßt. Dadurch geraten Argumente ins Bewußtsein der
Zuschauer, welche beim bloßen Handlungsabspiel kaum sichtbar werden.

Allerdings ist der Argumentationsspielraum bei den traditionellen Figuren, die sich ja deutlich in Typen gliedern, nur sehr
begrenzt. Da sie in ihren Aktionsmöglichkeiten größtenteils in
das Schema gut – böse passen, sind sie in ihrem Tun weitgehend
festgelegt.

Wesentlich günstiger verhält es sich dagegen bei den offenen
Figuren, wo die Zuschauer Sympathie oder Antipathie erst dann
verteilen können, wenn sie sich aus Worten und Taten der Puppen ein Urteil bilden können. Wir wollen dies an einem Beispiel,
das im Rahmen einer Seminarveranstaltung erprobt wurde, verdeutlichen. [118]

Puppen:
Hui, Jockel, Liesel, Wiesel u. der „schönste und letzte Drache der
Welt".

Handlungsfolge:
Hui knüpft Kontakt mit den Kindern (Kennenlernen einer ungewohnten Spielfigur). Liesel und Wiesel kommen hinzu und beginnen ein gemeinsames Spiel. Sie entfernen sich.
Jockel tritt auf und beklagt sein Alleinsein. Verbindung zu Hui, Liesel
und Wiesel wird hergestellt. Diese machen sich lustig über ihn, tun
aber so, als ließen sie ihn beim Bockspringen mitmachen. Als er an die
Reihe kommt, springt Hui nicht über ihn hinweg, sondern versetzt ihm
einen Tritt. Die drei laufen lachend davon, Jockel bleibt weinend zurück.
Da kommt in kunstreichem Flug der Drache angeflogen und landet neben Jockel. Jockels Schrecken legt sich, der Drache ist freundlich,
und die beiden schließen Freundschaft. Jockel will dem hungrigen
Drachen auch gleich etwas zum Essen besorgen.
Hui hat die beiden jedoch beobachtet, und während sich der Drache
ausruht und schläft, ruft er Liesel und Wiesel herbei und versucht, sie
zu überreden, den Drachen einzufangen. Die beiden zögern eine
Weile, lassen sich dann aber umstimmen. Sie schleichen sich mit
einem Seil heran, doch der Drache wacht auf und fliegt davon, bevor

die drei ihr Seil anbringen können. Durch das mißglückte Unternehmen geraten sie jedoch in Streit, und Hui geht beleidigt davon. Als Jockel zurückkommt, sind nur noch Liesel und Wiesel da. Diese haben Gewissensbisse und versöhnen sich mit Jockel. Sie spielen gemeinsam. Hui kommt zurück und will wieder mitspielen, weil er nun alleine ist.

Für die drei Studenten handelte es sich selbst um den ersten Spielversuch. Die Spielerfahrungen wurden nach Tonbandaufzeichnung in einem Protokoll der Spieler bzw. Beobachter zusammengefaßt. Hieraus ein Ausschnitt:

Die Kinder waren anfangs zaghaft oder schüchtern, sie mußten sich erst an die Spielsituation und die andersartigen Puppen gewöhnen. Sobald Jockel auftrat, wurden die Kinder lebhafter: Sie gaben ihm praktische Ratschläge, was er gegen die Langeweile tun könnte. Dies hatte auch Rückwirkungen auf uns Spieler: Je mehr Echo von seiten der Kinder kam, desto mehr machte uns das Spiel Spaß. Es erwies sich als großer Vorteil, daß unser Spielkonzept nicht starr angelegt war, denn wir konnten nun auf die Fragen, Zurufe und Lösungsvorschläge der Kinder eingehen. Wir Spieler unternahmen gegen Schluß nichts mehr, ohne die Kinder vorher um ihren Rat oder ihre Meinung zu bitten. So kam es auch, daß sie unser Konzept verändern konnten. Dies geschah an jener Stelle, wo Jockel wiederkommt und statt seines Drachens Liesel und Wiesel vorfindet. Jetzt wollten die Kinder keine Versöhnungsszene sehen, sondern sie riefen lautstark nach dem Drachen. Wir gingen auf die Zurufe ein, der Drache kam wieder unter dem Jubel der Kinder, und nun hatte Jockel wieder seinen Freund, die Versöhnung mit Liesel und Wiesel war kein Problem mehr. Es war dagegen schwieriger, die Versöhnung mit Hui herbeizuführen, denn hier sträubten sich die Schüler. Ein Mädchen rief ihm zu: „Du darfst jetzt auch nicht mitspielen, du hast Jockel vorhin auch nicht mitspielen lassen!" Es bedurfte einiger Überredungskunst, die unnachsichtige Einstellung der Kinder zu verändern und sie dazu zu bewegen, den Hui am Spiel teilnehmen zu lassen.

Diesem ersten, in jeder Hinsicht gelungenen Versuch folgte am nächsten Tag ein weiterer in der Parallelklasse: Dieser zweite Versuch zeigte in aller Deutlichkeit, wie sehr das Gelingen eines derartigen Spieles von der Kooperationsfähigkeit der Kinder abhängt. Diese Schüler zeigten zunächst überhaupt keine Reaktion, sie saßen brav an ihren Tischen, und als die ersten verbalen Aktivitäten kamen, so waren es Wortmeldungen im wahrsten Sinne des Wortes: Die Kinder streckten den Finger. Spontane Äußerungen während des Spieles erfolgten kaum. Zwischenrufe der Kinder wurden von der Lehrkraft gerügt.

Diese Erfahrung zeigt nicht nur, daß Schülern durch bestimmtes Lehrerverhalten die Spielbereitschaft genommen werden kann, sie zeigt gleichzeitig auch, wie man sie ihnen wiedergeben kann. Denn die Kinder zeigten im Laufe des Spiels immer wieder Versuche zur spontanen Beteiligung.

Es ist jedoch immer ein gewisses Risiko, vor einer unbekannten Gruppe zu spielen. Man kann aber davon ausgehen, daß sich Anteilnahme und Erfolg immer dann einstellen, wenn im Stück der Handlungsreichtum überwiegt.

Die gegenteilige Erfahrung machte ebenfalls eine Studentengruppe bei ihrem ersten Spielversuch. Hier die Verlaufsplanung:

Puppen:
Kind: das Teilchen
5 Erwachsene

Handlungsfolge:
Das Kind fühlt sich nur als Teilchen, weil es so klein ist. Es will nun seinen andern Teil suchen und fragt die verschiedenen Erwachsenen, denen es nacheinander begegnet. Sie alle zeigen sich wenig hilfsbereit und haben keine Zeit für die Probleme des Kleinen. Schließlich begegnet es einem Mann, der selbst traurig ist, weil sein Hund gestorben ist. Teilchen erweist sich hilfreich, indem es sich die Klage des Mannes anhört, dieser hilft ihm selbst nun auch dadurch, daß er auf dessen eigene Vorzüge hinweist, in denen es den Erwachsenen sogar überlegen ist: nämlich jemandem zu helfen.

Aus dieser Skizze wird schon deutlich, daß es sich um kein herkömmliches Stück handelte. Nun schien zwar die Adressatengruppe (7- bis 12jährige Hortkinder) zumindest für die Problemsituation Kind – Erwachsene sehr geeignet; denn die Ausbildung eines Selbstverständnisses ist hier eine besondere Aufgabe. Die Art und Weise, wie dies im Stück geschah, war aus verschiedenen Gründen zum Scheitern verurteilt.

In der selbstkritischen Rückbetrachtung nennen die Spieler folgende Argumente:

– Das Stück hatte zu wenig äußere Handlung, es bestand fast nur aus Dialogen. Es war ein Stück zum Mit- und Nachdenken, in dem nichts „passierte". Spannung fehlte.
– Die Kinder konnten keine eigenen Initiativen entwickeln. Sie wurden auch vom Stück her dazu nicht angeregt.
– Für die kleinen siebenjährigen Zuschauer war das Stück zu schwierig, sie verstanden das Problem überhaupt nicht, und von Spielerseite wurden ihre Fragen nicht aufgenommen (eine Siebenjährige fragte immer wieder: „Aber wieso sucht der denn sein Teil? Du bist doch ganz.“). Die Spieler hafteten in solchen Situationen zu sehr an ihrem Konzept.
– Für die Großen war das Stück reizlos und zu einfach: „Ist doch klar, der fühlt sich halt klein gegenüber den Großen!“

Aufgrund der Tatsache, daß Puppenspiele in den meisten Kindergärten und Grundschulen nicht gerade zu den alltäglichen Begegnungen zählen, vielfach überhaupt nicht praktiziert werden, sollte man erste Versuche handlungsreich gestalten. Zwar kennen alle Kinder das Puppenspiel zumindest aus den verschiedenen Kinderprogrammen des Fernsehens, wo sie ja auch nur zuschauen und zuhören können, man darf aber deshalb in der konkreten Spielsituation vor Kindern nicht allein durch die Anwesenheit von Puppen Interesse erwarten.

Bewegte Handlung mit möglichst vielen komischen Elementen findet bei Kindern allergrößte Anteilnahme.

Gerade beim eigenen Spiel der Kinder zeigt sich dieses Bedürfnis nach Darstellung aufregender Ereignisse. Dadurch, daß dem Puppenspiel der Ernstcharakter des Rollenspiels fehlt oder zumindest durch die Figuren gebrochen erscheint, wird Verantwortung zurückgenommen, das Spiel hat daher stärkeren experimentellen Charakter, weil in der fiktiven Situation mehr Spielraum ist. „Der Rückzug hinter die Puppe und hinter die Spielleiste ermöglicht in höherem Maße unbefangenes Sprechen und Probehandeln ...“[119] „Dadurch wird der Eindruck des ‚sanktionsfreien Spielraumes‘ und der Konsequenzlosigkeit verstärkt.“[120]

Hieraus wird auch ersichtlich, daß soziales Lernen durch Handpuppenspiel vor allem bei Kindern im Elementar- und Primarbereich angeboten werden sollte. Denn der ältere Schüler sollte Verhaltensweisen realistischer erproben, und dies ist beim persongebundenen Rollenspiel in höherem Maße gegeben [121]. Um den kleinen Kindern soziale Verhaltensweisen deutlich und für die folgende Nachbesprechung bewußtzumachen, werden diese in mehr oder weniger großem Umfang überzeichnet und damit unrealistisch dargestellt. Dies hilft gerade den Vorschulkindern bei der Beurteilung des Geschehens.

Bei all den Möglichkeiten sozialen Lernens durch Puppenspiel sollte man sich jedoch davor hüten, das Spiel zu sehr mit sozialerzieherischen Aufgaben zu belasten. Die Gefahren nichtspielerischer Lösungsversuche, welche man bisweilen beim Rollenspiel beobachten kann und die manchmal bis zum gequälten Herausfinden der erwünschten Verhaltensweisen gehen, sind hier wie dort zu vermeiden. Während das Rollenspiel dabei nur zur Arbeitsform herabgestuft wird, würde das Puppenspiel sich selbst völlig entfremdet. Denn das Fiktive, das den Puppen anhaftet, ist eben von vornherein nur ein Spielmodell, das mehr oder weniger genau übertragbar ist in die Wirklichkeit.

3. Puppenspiel im Lernbereich Sprache

Ebenso wie der sozialerzieherische Aspekt in nahezu allen Handlungsfeldern des Kindergartens und analog in nahezu allen Fächern der Grundschule berücksichtigt werden kann, sind auch die sprachlichen Bemühungen in der Grundschule nicht nur im Fach Deutsch angesiedelt [122] und wie schon im Kindergarten der übergreifenden Aufgabe der Sprachförderung zuzuordnen. Dabei lassen sich die möglichen Wirkungsweisen mehreren Dimensionen zuordnen:

a) Hören auf Sprache (im Dialog der Figuren)
b) Überwindung von Sprechangst
c) Sprachliches Können und sachgerechtes Argumentieren im Dialog mit den spielenden Puppen

d) Deuten von Spielhandlungen
e) Sprachliches Gestalten von Spielhandlungen im eigenen
Spiel
f) Sprachspielerei.

Damit sind im wesentlichen alle Faktoren erfaßt, welche der
Förderung der mündlichen Sprachfähigkeit dienlich sind. Wir
wollen die einzelnen Aspekte im folgenden ausführlicher beschreiben und demonstrieren.

a) Hören auf Sprache

Mündliche Verständigung zwischen Menschen ist nur dann
möglich, wenn neben der Sprechfähigkeit auch die Fähigkeit
des Zuhörens bei den Beteiligten angemessen ausgebildet ist.
Die Bereitschaft zuzuhören, hängt aber immer davon ab, in
welchem Grade die Äußerungen interessieren.

Die Faszination, welche das Puppenspiel auf Kinder aus-
übt, braucht hier nicht besonders beschrieben zu werden. Insbesondere das märchenhaft gestaltete Kasperletheater, das gerade durch seine typenhaft ausgeprägten Figuren für ein aus-
drucksvolles Spannungsfeld zwischen Gutem und Bösem
sorgt, bietet die besten Voraussetzungen, die Hörbereitschaft
und die Fähigkeit zuzuhören, besser und ausdauernder zu
machen.

Dabei ist es jedoch wichtig, gerade bei dieser Zielsetzung die
richtige Spielform zu wählen. Wir haben es bei öffentlichen
Vorführungen, wo die Zuschauer uns nicht bekannt und auch
von der Altersstruktur sehr unterschiedlich waren, erlebt, daß
das Zuhören nahezu unmöglich wurde, weil die Kinder durch
lautstarkes Verhalten den auditiven Anteil des Spiels immer
mehr zurückdrängten zugunsten des visuellen. Grund dafür
war die Wahl der halboffenen Form, welche gerade die älteren
Zuschauer[123] dazu verführte, selbst immer mehr mitzuspielen.
Der Nachteil liegt auf der Hand: Die kleinen Zuschauer kamen
in allen Belangen der Anteilnahme zu kurz.

Wenn es darum geht, die Fähigkeit des Zuhörens zu verbessern, sind Spielformen erforderlich, die den sprachlichen Anteil der Kinder am Spiel möglichst gering halten, mit anderen Worten Formen, welche der geschlossenen Form des Puppenspiels nahe kommen. Dialoge der Puppen untereinander müssen dominieren und in ausgewogenem Wechsel stehen zu den Handlungsanteilen.

b) Überwindung von Sprechangst und Sprachhemmungen

Sprechangst oder andersgeartete Sprachhemmungen behindern alle zwischenmenschlichen Beziehungen und können sogar bis zur Isolation führen. Hier hat das Puppenspiel Vorzüge gegenüber allen anderen sprechfördernden Maßnahmen. Sowohl auf Zuschauer- als auch auf Spielerseite vergessen die Kinder vielfach ihre Ängste, sie beteiligen sich am Gespräch mit der Puppe, oder aber sie schlüpfen selbst in die Rollen von Puppen, durch die sie nun sprechen.

In einer Untersuchung zum Handpuppenspiel berichtet eine Lehrerin über folgende Beobachtungen, die sie im ersten Schuljahr gemacht hat[124].

In der Klasse, in der ich die Versuche durchführte, ist ein stark kontaktgehemmtes, vielleicht sogar verhaltensgestörtes Kind.

Eine spontane Mitarbeit im Unterricht war nie zu konstatieren, und wurde das Kind doch einmal von Schülern oder von mir angesprochen, antwortete es stets mit nach unten gesenktem Kopf, also ohne Blickkontakt.

Die Mutter wies mich selbst auf diese Besonderheit hin und gab häusliche Verhältnisse zur Begründung an.

Dieses Kind meldete sich selbständig und spontan, als nach Mitspielern zum Kasperlespiel gesucht wurde. Das anschließende Kasperlespiel kam von seiner Seite flüssig, gelockert, in deutlicher Aussprache.

Das zweite Beispiel ist ein sprachbehindertes Kind, das aus Mangel an einer Sonderschule für Sprachbehinderte am Schulort in der Grundschule ist. Das Kind wird jedoch sprachtherapeutisch behandelt. Die Schülerin stottert und leidet unter Agrammatismus.

Dieses Kind ist mir gegenüber zwar sehr aufgeschlossen, spricht jedoch kaum vor der Klasse. Das Mädchen meldete sich spontan zum

Kasperlespiel und sprach völlig ungehemmt, phantasiereich, wenn auch agrammatisch."

Dieser entkrampfende Einfluß ist auf die situationsverändernde Wirkung der Puppen zurückzuführen. Das Auftreten der Figuren im Spiel hebt die Kinder aus der Wirklichkeit der Alltagssituation heraus und rückt sie in jene andere Wirklichkeit des Spieles, welcher Kinder sich weit mehr und leichter hingeben können als Erwachsene. Hier ist man mit den Figuren unter sich, hier gelten die Normen des sprachlichen Verhaltens und die Angst, auf Fehlverhalten hingewiesen zu werden, nicht mehr. Außerdem gilt das Augenmerk aller den Figuren, die da agieren und nicht dem mitsprechenden Zuschauer oder dem Spieler, der die Puppen führt. Das Nicht-angestarrt-Werden und Sich-nicht-beobachtet-Fühlen ermutigt zu eigenem Sprachhandeln. Die Unbefangenheit ermöglicht spontanes Sprechen, das dazu beiträgt, auch in den Alltagssituationen des Kindergartens und der Schule unbefangener zu werden.

c) Sprachliches Können und sachgerechtes Argumentieren im Dialog mit den spielenden Puppen

Neben der Überwindung von Sprachhemmungen hat das Puppenspiel aber auch einen direkten Einfluß auf das sprachliche Können. Hierbei sind mehrere Wirkungsweisen möglich.

Die erste entsteht durch den Vorbildcharakter der sprachlichen Muster: „Verhaltensmodelle und sprachliche Modelle werden vorgegeben, durch das Verhalten der typisierten Figuren nahegelegt und von den Kindern übernommen, nach-, mit- und weitergestaltet. (...) Die völlige Übereinstimmung zwischen darzustellendem Geschehen und den handelnden Figuren (= Inhalt) und der ihnen jeweils eigenen oder zugedachten Sprache (= Form) ermöglicht Beschreibung, Benennung, Einordnung und Zuordnung im Sinne des Deutens der Gesamtsituation, ermöglicht also letztendlich Sinnentnahme. Das Kind als aktiver Zuschauer kann ‚Richtigsein' feststellen."[125]

125

Von hier aus mündet sprachliche Rezeption ein in sprachliches Handeln. In der halboffenen und offenen Form des Puppenspiels werden die Kinder zum Gespräch herausgefordert. Das sprachliche Handeln reicht dabei vom einfachen Antwortgeben bis hin zur ausführlichen Personen- u. Sachbeschreibung. Dabei müssen sich die Kinder immer auf den Gesprächspartner, die typische Figur einstellen.

Wir wollen dies an einem Beispiel verdeutlichen.

Die Situation: Kasper ist dem Räuber in die Falle gegangen. Seppel, auf der Suche nach Kasper, kommt auf die Bühne.

Seppel (rufend): Kasper, Kasper, wo bist du?

Kinder (durcheinander): Der Kasper ist in die Falle gegangen!
Der Räuber hat ihn!
Der ist gefangen.

Seppel: Ich versteh' überhaupt nichts. Wer ist gefallen?

Kinder: Der Kasper ist in die Falle gegangen vom Räuber.

Seppel: Ein Räuber?

Kinder: Der Räuber hat ein Loch gegraben und hat es dann zugedeckt, und der Kasper hat es nicht gesehen und ist hineingefallen.

Seppel: O je, der Kasper ist ins Loch gefallen...

Natürlich verlief die Szene nicht so klar wie hier dargestellt, denn das Geschrei der Kinder machte es unmöglich, alle Einzelaussagen in der Deutlichkeit zu vernehmen, wie es oben zum Ausdruck kommt. Erst auf die Bemerkung vom Seppel, daß er nichts verstehe, wurden die Zurufe klarer, bis die Zusammenhänge schließlich von einem Kind aufgedeckt wurden.

Das Mittel der gespielten Verständnislosigkeit durch eine Puppe provoziert die Kinder immer wieder zu anderen und klareren Formulierungen, sie bemühen sich, einen Sachverhalt neu zu formulieren, um damit auch den Fortgang der Handlung zu beschleunigen. Im oben dargestellten Fall ging es nun darum, Mittel und Wege zu finden, dem Kasper zu helfen, und zwar möglichst schnell. Die Neugierde auf den Fortgang der Handlung regt auch die sprachliche Aktivität der Kinder an, besonders dann, wenn die ausführende Person, hier Seppel, sich so begriffstutzig anstellt.

Seppel: Was soll ich nur machen?
Kinder: Eine Leiter holen, du mußt eine Leiter holen.
Seppel: Was soll ich mit der Leiter? Ich will doch nicht auf einen Baum steigen.
Kinder: Du mußt die Leiter ins Loch runter lassen.
Seppel: Ich kann die Leiter doch nicht allein so weit tragen.
Kinder: Nimm ein Seil, ja, nimm ein Seil, Seil, Seil!
Seppel: Wen soll ich denn mit dem Seil festbinden? Den Räuber?
Kinder: Ja, den Räuber, den Räuber.
Andere Kinder: Nein, du mußt das Seil ins Loch runterlassen und den Kasper heraufziehen.

Nun sind aber bei derartigen Dialogen zumeist jene Kinder wortführend, die sich auch sonst durch besondere Sprachgewandtheit auszeichnen. Die Begriffsstutzigkeit von agierenden Figuren erfordert jedoch ausführliche verbale Erklärungen, welche alle Kinder zumindest gedanklich mitvollziehen müssen.

d) Deuten von Spielhandlungen

Alle Verhaltensweisen der Zuschauer während des Spieles sind bereits Reaktionen auf die Ereignisse im Spiel und damit Ausdruck für die jeweilige Art des Verstehens und Deutens. Dabei wird besonders die Verbindung von Emotionalem und Rationalem deutlich.

Neben den deutenden Reaktionen während des Spieles hat aber auch das klärende Gespräch im Sinne von Verarbeitung eine wichtige Funktion. Es eröffnet neue Aspekte des Spieles, welche vielleicht während der Aufführung nicht erfaßt wurden. Die starke sympathetische Besetzung der Kinder bei bestimmten Figuren birgt nämlich die Gefahr, das Geschehen nicht mehr objektiv sehen zu können, so daß die Deutung zumindest in Frage gestellt werden kann.

Dies wird besonders deutlich, wenn Kinder Stücke spontan nachspielen. Hier kommt neben der Spielfreude auch das Bedürfnis der Verarbeitung zum Ausdruck. Die Art und Weise, wie die Kinder nun die Puppe auswählen und was sie damit ma-

chen – sowohl im sprachlichen als auch im gestischen Ausdruck –, sind als Erklärungsversuche zu werten, die vom
eigenen Verständnis des erlebten Stückes genährt sind. Dem
aufmerksamen Erzieher offenbaren sich darin – wie oben mehrfach angesprochen – Erlebnisweise und Konfliktverständnis auf
seiten der Kinder. Dies sind jedoch wichtige Hinweise für künf-
tige Spiele und deren Deutungsmöglichkeiten.

e) Sprachliches Gestalten von Spielhandlungen im eigenen Spiel der Kinder

Kinder sind nicht nur engagierte Zuschauer beim Puppenspiel,
sie sind ebenso begeisterungsfähige Spieler. Dieses Bedürfnis,
selbst Puppentheater zu spielen, kann im Sinne der mündlichen
Sprachförderung in den Dienst der Spracherziehung gestellt
werden.

Dabei wollen wir zwei Möglichkeiten besonders herausstel-
len: das Stegreifspiel und das Märchenspiel mit Puppen. Das
Prinzip der Dramatisierung lernen die Kinder ja schon häufig
im frühen Alter kennen, wenn sie im gemeinsamen Spiel Erwachsene nachahmen. Dabei spielen sie die Rollen von Personen, die sie aus dem Alltagsleben kennen: Vater, Mutter,
Kaufmann, Polizist, Lehrer u. a. Aber auch das Spiel von fiktiv
vorgegebenen Personen und Handlungen wird mehr oder weniger gekonnt vollzogen: Man liest den Kindern eine Geschichte
vor, welche sie dann ins Spiel umsetzen. Dabei übernehmen
Kinder Rollen von Personen, die sie sich vorstellen müssen, die
sie nur aus der Fiktion kennen, und ahmen nun deren Handlungen nach der Vorgabe des Textes nach. Dabei sind nicht alle
Geschichten zur Übertragung ins Spiel geeignet. Es hängt zumeist von der Deutlichkeit der Personen und der Klarheit ihres
Handelns ab, ob eine Dramatisierung gelingt.

Dieses Stegreifspiel als eine Form darstellenden Spieles ist
auch mit Puppen möglich. Im Unterschied zum personengebundenen Stegreifspiel, das wir eben aufgezeigt haben, übertragen
die Kinder die im Text vorgegebene Rolle auf eine Puppe, sie
sprechen nun die Puppen. Auch hier fällt es manchen Kindern

leichter als im personengebundenen Stegreifspiel zu sprechen und zu agieren, denn man wird hinter der Bühne nicht gesehen, und außerdem ist es die Puppe, welche die Rolle bekommen hat. Natürlich erkennen die Kinder als Zuschauer sehr gut, daß die Puppe von einem Kind geführt und gesprochen wird, und sie beurteilen die Spielleistungen ihrer Kameraden auch recht kritisch. Aber für manches spielende Kind ist die Puppe die angenehmere Lösung als die Selbstdarstellung.

Ein wesentliches Problem bei der Umformung von Geschichten in die Spielform ist das Finden der richtigen Puppen. Allerdings sollte man auch nicht davon ausgehen, daß jede Geschichte gespielt werden muß. Es gibt Zeiten – z. B. nach dem Besuch eines Puppentheaters –, in denen die Kinder dauernd Puppenspielversuche machen und sich über jeden Text freuen, den sie spielen können. Das ist jedoch deshalb oft nicht möglich, weil sich keine passenden Figuren finden. Zwar sind die Kinder sehr erfinderisch und ersetzen manchmal Personen durch andere, aber dies geht eben nicht in jedem Fall, es sei denn auf Kosten der Spielvorlage[126].

Deshalb ist ein umfangreiches Puppenangebot vor allem auch mit einigen offenen Figuren Voraussetzung für derartiges spontanes Stegreifspiel.

Auf Grund der Tatsache, daß ein größerer Teil der Personen des Kasperletheaters und der Märchen übereinstimmt, wurden mehrere Versuche mit Märchen als Textvorlage gemacht. Zwar ist einmal die Auswahl geeigneter Märchen nicht ganz einfach, darüber hinaus kommt hier noch die Umformung des epischen Textes in dramatische Form hinzu. Gerade gegen solche Umfunktionierung wenden sich manche Didaktiker: „Märchen ist Erzähldichtung. Es lebt und wirkt im Erzählen. Der Hörer hat nicht mehr zu tun, als dem Erzähler zuzuhören und das Erzählte innerlich zu sehen. Auch in der Schule muß, um der Funktion des Märchens willen, die Stimmung und der Zauber des Märchens erhalten bleiben."[127] Ein derartiger Exklusivcharakter ist jedoch kaum im Dienste des Märchens, es sei denn, man wollte den Umgang damit auf einige wenige Auserwählte begrenzen und dem Märchen einen geradezu sakrosankten Charakter einräumen.

Gewiß sind nicht alle Märchen für Kinder geeignet, und es eignen sich auch nicht alle zur Umgestaltung in dramatische Form. Aber Kinder verarbeiten Erfahrungen im Spiel, und der spielerische Nachvollzug von Märchen ist eine Verarbeitungsform, die sehr oft sogar spontan erfolgt. Deshalb ist es durchaus sinnvoll, dem Bedürfnis der Kinder nachzukommen und Märchen aus dieser inneren Schau zu befreien, sie rational anzupacken und in eine neue Form zu bringen. Dabei bietet die Besetzung der Rolle durch Puppen, also auch durch unrealistische Personen, ja auch eine Schau, die das Geschehen nicht in einen fixen Raum und auf unverwechselbare Personen einengt.

Als Beispiel wollen wir hier aus einer Reihe von Versuchen nur die Arbeit mit dem Märchen „Dornröschen" herausgreifen, welche in einer 3. Klasse mit 26 Kindern, darunter 7 Gastarbeiterkindern, durchgeführt wurde [128].

Nach einer Märchenstunde im Deutschunterricht war die Spielfabel allen Kindern bekannt. Trotzdem wurde das Märchen vor dem für das Puppenspiel erforderlichen Arbeitsgespräch noch einmal erzählt, damit die einzelnen Spielabschnitte leichter erkennbar waren und die Personen in Erinnerung traten. Dann wurden aus der Vielzahl der Puppen – zumeist lieblos gestaltete Industrieerzeugnisse – die notwendigen Figuren ausgewählt, wobei es mit dem Frosch einige Schwierigkeiten gab. Die Kinder lösten das Problem, indem sie ein Krokodil vorschlugen, da dieses auch grün sei und im Wasser lebe.

Durch das erste Gespräch entstand ein rohes Bild über den Verlauf des Stückes, dem sich dann die Verteilung der Rollen anschloß. Das Interesse der Kinder war unterschiedlich, einige Kinder hatten ganz konkrete Wünsche, anderen wiederum war die Art der Rolle gleichgültig, Hauptsache sie bekamen eine. Nur wenige Kinder verhielten sich zurückhaltend und wollten lieber zuschauen.

Die ersten Spielversuche wurden schon nach wenigen Minuten abgebrochen. Schnell zeigte sich die Diskrepanz zwischen Spiel und Vorstellung der zuschauenden Kinder. Stimmlage und Reihenfolge der auftretenden Figuren wurden kritisiert. Erstaunlich rasch hatten sich die Kinder jedoch auf die Spielsituation eingestellt. Besonders zwei Gastarbeiterkinder, welche die Puppen mit erstaunlichem Geschick handhabten, bekamen Beifall. Hier ein Ausschnitt aus ihrem Dialog:

Königin: Guten Abend, geliebter Mann. Wie geht es dir?

König: Gut geht es mir – aber – (Pause) – ach, wir wünschen uns doch so sehr ein Kind. Ich frage mich immer wieder, wann wir es kriegen. Ja, das ist die Frage.

Königin: Ja, wenn ich hellsehen könnte. – Aber ich frage mich auch, wann bekomme ich endlich ein Baby?

König: Ja, man muß halt ein Gesicht haben und Hände und Füße. Wir haben das ja bestimmt auch.

Königin: Na klar, das sieht man ja.

König: Aber wir kriegen trotzdem kein Kind. Es ist ein scheußliches Ding, daß ein Mensch kein Kind hat. O je, ich wünschte mir so sehr ein Mädchen, das so zart ist wie du.

Königin: Ja, das ist dein Wunsch. Sicher wird er mal erfüllt werden.

König: Das weiß ich nicht. Hoffentlich. Beten wir zu Gott.

Königin: Ja, das wollen wir tun. Nun laß uns aber lieber ins Bett gehen. Morgen werden wir weitersehen.

Anlehnung an den Märchentext und individuelle Ausgestaltung sind hier gleichermaßen deutlich. Der Grundzug ist jedoch klar spürbar: der Versuch, den Text nachzuempfinden.

Natürlich gibt es fertige Stücke, in denen die Rollen feststehen und die Dialoge formuliert sind. Aber gerade das auswendige Hersagen feststehender Formulierungen nimmt dem Spiel jene sprachliche Spontaneität, welche nur aus der freien Identifikation mit einer Puppe erfolgen kann. Die Wiedergabe des auswendig gelernten Textes erfordert von den Kindern eine solche Konzentration, daß Puppenführung und Ausdruck darunter leiden. Die Spiele wirken verkrampft und gekünstelt.

Weit ansprechender sind dagegen jene Spiele, bei denen die Kinder nur den Verlauf der Handlung genau kennen, ihren sprachlichen Ausdruck dagegen frei gestalten können. Es kommt bei wiederholtem Spiel hier auch zu feststehenden Redewendungen, diese wurden jedoch nicht vorgegeben, sondern selbst gefunden und wirken deshalb weit echter.

Am deutlichsten wird der Unterschied, wenn Kinder nicht nur in der verbalen Ausgestaltung, sondern auch in der Zusammenstellung der Handlung produktiv sind. Natürlich lehnen sie sich hierbei an herkömmliche Muster an, dennoch kommt es gerade im Dialog häufig zu handlungsabhängigen originellen Gesprächsabläufen.

Bei allen derartigen Spielen entsteht ein zusätzlicher Lerneffekt, wenn die Kinder die Figuren tauschen: Da muß man plötzlich wie ein Räuber sprechen, nachdem man gerade noch Polizist oder Kasper war, oder das Mädchen, das soeben die Hexe gesprochen hat, übernimmt nun die Rolle des Seppel oder der Prinzessin. Dieser Rollenwechsel erfordert von den Kindern nicht nur ein großes Maß an Einfühlungsvermögen – im Rollenspiel Empathie –, sondern auch das Bemühen um die andere Sprechweise. Die sprachliche Mobilität wird auf diese Weise stark herausgefordert.

Bei allen diesen sprachlichen Anforderungen bleibt der spielerische Charakter jedoch gewahrt, ganz im Sinne der Forderung des Lehrplanes: spielendes Lernen.

f) Sprachspielerei

Im Puppenspiel ist das Gespräch „die vorherrschende dramatische Form. Es dient zum Darlegen des Handlungsfortschrittes und zum Realisieren der für das Kasperspiel wesentlichen komischen Sprachfunktionen. Im Gespräch zeigt sich das Falsch-Sprechen des Kaspers, der – absichtlich oder unabsichtlich – geläufige Sprachnormen zerstört. Die Fehlformen werden durch den Gesprächspartner entlarvt und mit dem gleichzeitigen Verweis auf die gesellschaftliche Norm rückgängig gemacht."[129]

Die Skala der Möglichkeiten derartiger sprachlicher „Fehlleistungen" reicht von der einfachen, belustigenden Verformung bis hin zur anspruchsvollen Reflexion über Wortbedeutungen.

Dabei brauchen es durchaus nicht immer mitspielende Figuren zu sein, welche den Kasper korrigieren. Viel günstiger ist es sogar, wenn die Zuschauer diese klärende Funktion übernehmen und es dabei selbst lernen, sprachliche Formulierungen zu überprüfen und ihre Bedeutung zu hinterfragen.

Wir wollen diesen Sachverhalt an einigen Beispielen verdeutlichen!

In Preußlers „Räuber Hotzenplotz" stellt Kasper sich dumm und nennt den Zauberer Zwackelmann zum Entzücken und zur Schadenfreude des Lesers

Wackelzahn, Schnackelmann, Dackelschwanz,
Zackelschwan usw.

Dabei weckt jedes neue Wort eine Assoziation, die zum Lachen reizt.

Oder:

Kasper hat einen Korb am Arm und erzählt:

Kasper: Heute geh' ich mit Seppel und Gretel zum Wald hinaus. Dort machen wir ein ... ein ... so ein Essen im Freien.

Kinder: Ein Picknick!

Kasper: Richtig, ein Kickpick!

Kinder: Nein, ein Picknick!

Kasper: Ein Nickpick!

Kinder: Picknick!

Kasper: Ach so, Picknick – weil man die Sachen auf-pickt und dabei mit dem Kopf nickt!

Oder:

Kasper: Heute will ich meine große Mutter besuchen. Habt ihr auch eine große Mutter?

Kinder: Großmutter, ja, Großmutter.

Kasper: Richtig, Großmutter. Warum heißt sie eigentlich Großmutter? Meine Großmutter ist nämlich gar nicht groß. Nein, nein, sie ist klein, sie ist sogar kleiner als ich. –
Ich sage jetzt einfach Kleinmutter zu ihr!

Oder:

Ein Auto fährt vorbei, Kasper springt zur Seite.

Kasper: Donnerwetter, das war aber ein großes Tier!

Kinder: Das war doch ein Auto, ein Auto.

Kasper: Ein Auto! So, so, das war aber ein großes Auto. (Nachdenklich) Aha, jetzt weiß ich auch, was ein Autogramm ist. Das ist ein ganz kleines Auto, ein Auto, das nur ein Gramm wiegt.

Je nach Altersstufe der Kinder wird man in jedem Stück derartige sprachlichen Experimente einbauen, wobei die einfachen, humoristischen Wortveränderungen den Anfang bilden und schließlich bis zur hintergründigen Sprachbetrachtung führen.

133

4. Phantasietätigkeit und kreatives Verhalten [130]

Die beiden vorangegangenen Abschnitte haben bereits einen Teil des Spektrums kreativen Verhaltens aufgezeigt. Es läßt sich noch erweitern durch all die Möglichkeiten, welche sich beim improvisierten Spiel ergeben: Stegreifspiel kann beispielsweise verändert werden, man bezieht andere Figuren mit ein, findet andere, nicht vorbesprochene Lösungen. Auch hier kann von der einfachsten Variation ausgegangen werden, obwohl nicht jedes Abweichen von der Textvorgabe auch schon kreativ ist. Aber man beobachtet eher das Anreichern und Ausschmükken von Szenen als das Reduzieren. So wie Puppenspiel zu spontanem Verhalten herausfordert, provoziert es auch originelle Veränderungen.

Dieser kreative Zug wird auch sichtbar beim Herstellen von Figuren. Dabei wollen wir nicht so sehr den technischen Aspekt, wie man Puppen selbst macht, berücksichtigen; denn das Basteln von verschiedenen Arten von Figuren wird im folgenden Kapitel beschrieben (siehe auch weitere Literatur [131]).

Das Herstellen von Puppen ist auch eine Art der Verarbeitung von Puppenspielerfahrungen. Dies zeigt sich schon bei der Wahl der Figur, die ein Kind machen will. Das Modellieren oder andersartige Gestalten einer Hexe, eines Teufels oder eines Kaspers resultiert aus den Vorstellungen, die man von einer Figur in vorangegangenen Spielerlebnissen gewonnen hat, und es mündet schließlich in den Umgang mit der fertigen Puppe ein. Das bedeutet in doppelter Weise eine Bewältigung von Spielerfahrungen.

Bei all diesen pädagogischen Aspekten ist die eigene Freiheit und der spielerische Anreiz für jeden interessierten Erzieher eine reizvolle Aufgabe. Hier bleibt er nicht Lehrer, sondern wird zum Mitspieler. Daß dies auch für den pädagogischen Bezug von großer Bedeutung ist, braucht nicht weiter ausgeführt zu werden.

5. Spielfreude und seelische Entwicklung

Hier soll noch einmal auf die eingangs erwähnte Spielfreude hingewiesen werden. Ausschließlich pädagogische Absichten und Zwecke verfälschen den Charakter des Spiels. Spielen ist ein Grundvermögen, aber auch ein Grundbedürfnis des Menschen. Als Vermögen oder Fähigkeit kann man es fördern und steigern, als Bedürfnis aber braucht es die freie, befriedigende Entfaltung. Wenn Spiel sich entfalten kann, wird es mit Freude und Lust erlebt. Spielfreude wiederum erhöht die Entfaltungsfähigkeit beim Spielen, Einfallsreichtum und Aussicht auf Erfolg. Sie steigert den Mut zum Probieren, Suchen und Entdecken und fördert Selbstvertrauen und Lebensfreude. Im „Tun-als-Ob", im Einfühlen in das Handeln und Erleben der betrachteten oder selbst geführten Puppe, in der symbolischen Bearbeitung von Erfahrungen und der lustvoll erlebten Bewältigung von Hindernissen, Gefahren und Konflikten im dramatischen Figuren-Spiel gewinnt das Kind stets ein Stück seiner eigenen werdenden Persönlichkeit.

X. Herstellung von verschiedenen Puppenarten

Bei der Darstellung der Produktion von Puppen sollen hier nur diejenigen herausgegriffen werden, die für die Altersgruppen der Drei- bis Zehnjährigen in Frage kommen können. Wir wählen dabei in der Reihenfolge der Beschreibung den Weg vom Einfacheren zum Schwierigeren. Aber auch hierbei sind die Unterschiede des Machbaren bei Vor- und Grundschulkindern im allgemeinen noch erheblich. Es darf jedoch nicht übersehen werden, daß bei der Herstellung von Spielpuppen individuelles

Geschick entscheidend ist, so daß Kindergartenkinder durchaus zu vergleichbaren Leistungen kommen können wie Grundschüler.

Spielfiguren lassen sich in flächige und körperhafte Formen einteilen.

1. Die Schattenspielfigur – Stabpuppe

Zwar kann Schattenspiel auch mit lebenden Figuren, also Menschen und sogar Tieren durchgeführt werden. In seiner ursprünglichen und auch heute noch zumeist gespielten Form werden jedoch zweidimensionale, also flächige Formen verwandt. Dabei lassen sich unbewegliche und bewegliche Figuren unterscheiden.

Die Herstellung unbeweglicher Figuren ist relativ einfach. Es werden auf Karton aufgezeichnete Figuren ausgeschnitten und an einem Stab oder festem Draht befestigt. Da sie nur als schwarze Schatten auf der Leinwand erscheinen, brauchen sie nicht bemalt zu werden. Es ist jedoch wichtig, daß es Profilansichten sind, ähnlich den Gestalten beim Scherenschnitt. Dieselben Figuren können aber auch bemalt und auf

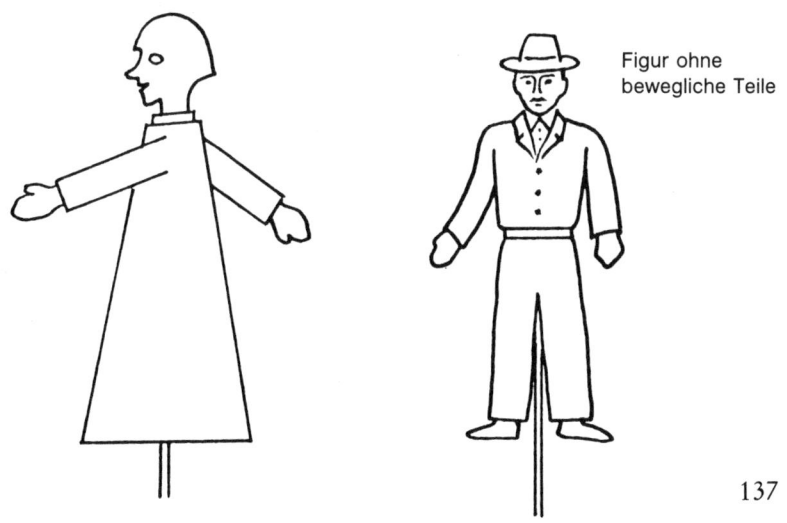

Figur ohne
bewegliche Teile

137

Figur mit beweglichen Armen

einer Bühne im Stabpuppenspiel verwandt werden. Hier sind aber auch Frontalansichten möglich. Bewegliche Figuren sind schwieriger herzustellen, und das Spiel mit ihnen erfordert größeres Geschick und gute Koordinierung der Spielaktivitäten. Im allgemeinen werden jedoch für die Altersgruppen der Vor- und Grundschule vielleicht ein Arm, manchmal vielleicht auch beide Arme beweglich gemacht, so daß ein Spieler die Figur bedienen kann: Mit einer Hand wird die Figur gehalten, mit der anderen abwechselnd die beiden Arme bewegt.

Das Maß an Beweglichkeit kann jedoch noch weiter gesteigert werden, wie wir dies bei den kunstvollen Figuren auf Java oder in China gelegentlich finden. Auch die Größe der Figuren kann sehr unterschiedlich sein. Sie richtet sich nach den Spielbedingungen: Größe der Bühne oder Leinwand und Geschicklichkeit der Spieler.

2. Marotte

Das Wort Marotte gebrauchen wir zumeist im Zusammenhang mit schrulligen Eigenschaften, die wir bei Menschen beobachten. Das Wort kommt aus dem Französischen und heißt „Narrenstab". Damit ist die Art dieser Puppe schon angedeutet. Sie besteht aus einem Stock, an dessen Ende ein Gesicht befestigt ist und der von einem Tuch als Gewand lose umgeben ist.

Zur Herstellung verwendet man am einfachsten einen Kochlöffel, auf den das Gesicht gemalt ist. Wolle oder Watte werden als Haare um das Gesicht herum am Löffelrand festgeklebt. Das Tuch, das als Kleid dient, kann entweder einfach am Kochlöffelstiel festgesteckt oder aber über einer kleinen Querleiste angebracht werden. Auf Arme wird bei dieser Figur verzichtet.

3. Fingerpuppen

Zu den einfachen Arten von körperhaften Spielfiguren zählen die Fingerpuppen. Sie bestehen aus zwei gleich großen zusammengenähten Stoffteilen. Natürlich kann man auch ein Stoffteil so zurechtschneiden, daß nur an einer Seite und die Spitze genäht werden muß.

Nach dem Zusammennähen wird der „Fingerling" umgedreht, und er kann nun bemalt, beklebt und verziert werden. Durch entsprechende Gestaltung können auch hier die unterschiedlichsten Typen hervorgebracht werden. Diese Gestaltungsaufgabe wirkt anregend auf die kindliche Phantasie. Gemeinsam kann nach Lösungen gesucht werden; wie charakteristische Merkmale für einen Typ oder ein bestimmter Ausdruck erzielt werden kann. Dabei bleiben die fertigungstechnischen Anforderungen gering.

Der besondere Reiz von Fingerpuppen liegt vor allem in dieser eben dargestellten Gestaltungsaufgabe. Sehr häufig kann man aber auch Kinder beobachten, die für sich allein mit Fingerpuppen spielen, indem sie je eine Puppe am rechten und am linken Zeigefinger miteinander agieren lassen.

4. Handschuhpuppen

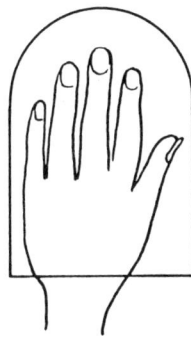 

Es ist müßig, darüber zu streiten, ob die Fingerpuppen oder Handschuhpuppen schwieriger herzustellen sind. Die Machart ist jedenfalls sehr ähnlich. Nur wird die Handschuhpuppe, wie schon der Name sagt, wie ein Handschuh über die ganze Hand gestülpt.

Das Material kann bei der Handschuhpuppe im Gegensatz zur Fingerpuppe auch aus flexiblem Karton bestehen, die ziegelförmigen Stücke werden so groß geschnitten, daß danach die ganze Hand in die zusammengeklebten Teile paßt. Analog zu den Fingerpuppen kann die Grundform dann durch Bemalen, Bekleben weiter ausgestaltet werden. Durch das Anbringen eines Stoffteils am unteren Rand kann sogar eine Art Kleid angedeutet werden.

Da ähnlich wie später bei den Kasperfiguren die ganze Hand bzw. auch noch der Unterarm in der Figur steckt, können hier auch größere Bewegungen durchgeführt werden.

5. Handpuppen

Handpuppen werden, wie schon der Name sagt, mit der ganzen Hand geführt. Je nach Art der Puppe sorgen die Finger für die verschiedenen Detailbewegungen. Zwei Arten von Puppen sollen hier beschrieben werden.

a) Klappmaulfiguren

Die Klappmaulpuppe ist eine besondere Handpuppenform, die aus Strick- oder Frotteestrümpfen hergestellt werden kann. Das auf dem Umschlag dieses Buches abgebildete Krokodil ist eine derartige Figur. Kennzeichnend ist das große Maul, das sich öffnen und schließen läßt.

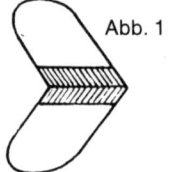

Abb. 1

Zwei dachziegelförmige Pappstücke in Fingerlänge werden an der geraden Unterseite mit einem Stoffstück zusammengeklebt, so daß sie beweglich miteinander verbunden sind (Abb. 1).

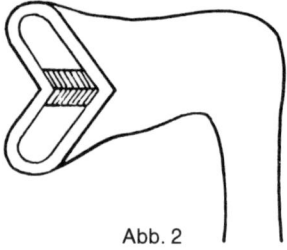

Abb. 2

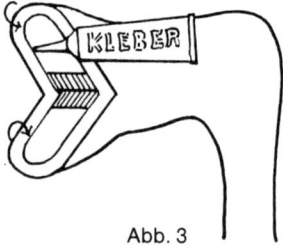

Abb. 3

Dann wird ein Socken oder Kniestrumpf von der Fußspitze her so weit aufgeschnitten, daß die zusammengeklappten Pappstücke hineinpassen. Dabei bildet das eine Stück den Gaumen, das andere den Unterkiefer (Abb. 2).

Die Ränder der aufgeschnittenen Fußspitze werden um die Pappstücke geklappt und angeklebt (Abb. 3).

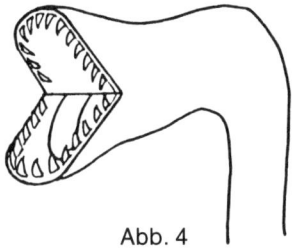

Abb. 4

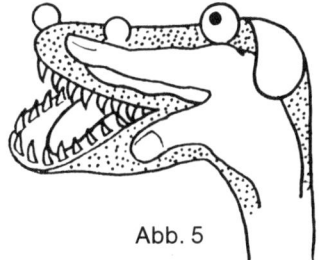

Abb. 5

Mit Filzteilen oder Stoffstücken wird nun das Innere des Mauls ausgeklebt. Auch Zähne und Zunge können nun angebracht werden (Abb. 4).

Das Äußere der Finger kann ebenfalls durch Ohren, Augen, Behaarung u. dergleichen phantasievoll gestaltet werden. Mit Füllstoff, z. B. Watte oder Wolle, kann die Figur körperhafter gemacht werden (Abb. 5).

b) Die „menschliche" Handpuppe

Das Spielen mit Handpuppen ist sehr anstrengend, wenn man längere Zeit mit erhobenen Armen agieren muß. Deshalb ist es wichtig, daß die Figuren möglichst leicht sind. Die häufig aus Pappmaché hergestellten Köpfe sind jedoch sehr schwer, so daß sie sich nicht immer für Kinderfinger eignen. Wir wollen deshalb eine Herstellungsweise beschreiben, bei der sehr leichtgewichtige, aber auch billige Köpfe entstehen.

Material: steifes Papier, Zeitungspapier, Klebekreppstreifen, Tapetenmakulatur „Tapetra" (Malergeschäft)

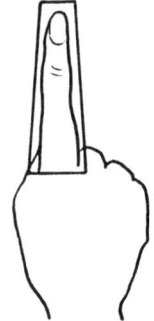

Aus steifem Papier wird eine konische Hülse gewickelt und zusammengeklebt. Sie soll dem Finger angepaßt sein, damit der Kopf dann gut auf dem Zeigefinger sitzt (Abb. 1).

Abb.1

143

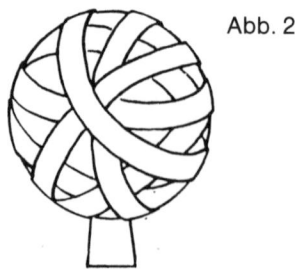

Abb. 2

Dann knüllt man aus Zeitungspapier eine Kugel in der Größe, wie der Kopf sein soll, und steckt die Fingerhülse hinein. Nun umwickelt man die Kugel mit Klebekreppstreifen und klebt auch damit die Fingerhülse fest (Abb. 2). Man könnte hierfür auch eine Styroporkugel nehmen.

Da die Vorbereitung der Tapetenmakulatur etwa eine halbe Stunde dauert, rührt man sie am besten schon gleich zu Beginn der Arbeit an den Figuren an. Ein Paket (ca. 4,– DM) reicht für etwa 10 Köpfe. Man schüttet das Pulver in einen Eimer und gibt unter Kneten Wasser hinzu. Es darf nicht soviel Wasser sein, wie auf der Packung angegeben ist, damit die Masse ganz dickbreiig ist. Nachdem sie etwa 20 Minuten gestanden hat, kann man sie verarbeiten.

Man setzt die Kugel auf den Finger und beschmiert sie zunächst dünn mit der Masse. Dazu nimmt man für die Gesichtsseite soviel, daß Stirn, Nase, Ohren und Kinn geformt werden können. Mit dem nassen Finger (Eintauchen ins Wasser) kann man die Oberfläche des klebrigen Breis glätten.

Zum Trocknen setzt man die Köpfe auf ein Brett, in das man ausreichend lange Nägel (8–10 cm) geschlagen hat. Nach 2 bis 3 Tagen sind die Köpfe so trocken, daß man sie bemalen kann. Risse, die manchmal entstehen, können nachgebessert oder mit dicker Farbe (Plaka-Farbe) gefüllt werden. Haare können aus Wolle, Fell oder anderem Material, je nach Figurtyp, festgeklebt werden. Es bleibt der Phantasie jedes einzelnen überlassen, wie er seinen Kopf ausdrucksvoll gestaltet.

Das Nähen des Kleides macht die größten Schwierigkeiten. Deshalb ist es günstig, wenn man Puppenkleider oder Babyhemdchen verwenden kann, bei denen dann nur evtl. die Ärmel zugenäht werden. An der Halsöffnung werden sie an der Fingerhülse unmittelbar unter dem Kopf festgeklebt oder festgebunden.

Die Winterfee auf dem Titelbild ist eine auf diese Weise hergestellte Puppe.

XI. Puppenbühnen

Das Puppenspiel braucht nicht unbedingt eine Bühne. „Das einfache Spiel im Kindergarten geschieht im Stuhlkreis im Sitzen, ohne den Vorführenden zu verdecken" (Borde-Klein, 83). Aber einfache *Behelfsbühnen* lassen sich schnell mit Stühlen oder auf die Kante gestellten Tischen, mit Tüchern und Schnüren, Teleskopstangen im Türrahmen, Stehleitern, Besenstielen, Schultafeln, Kartenständern usw. herstellen. Die einfachste künstliche Bühne für Hand- und Stabpuppen ist die *Schirmbühne*. Sie besteht aus einem dreiteiligen, mit Stoff bespannten Holzrahmen. Die Teile sind mit Scharnieren verbunden; man kann die Bühne zusammenklappen und auf diese Weise leicht transportieren und aufbewahren. Kleine Schirmbühnen kann man auf den Tisch stellen; die größeren stehen auf dem Fußboden. Bei einer Bühnenhöhe von 1.80 m hat es sich bewährt, zwei kleine Schirmbühnen aufeinanderzustellen und durch Flügelschrauben und Halterungen miteinander zu verbinden. Man kann aber auch sechs Holzrahmen von je 1 m² durch Scharniere so miteinander zu einem Stück verbinden, daß die Bühne sich seitlich und von oben nach unten auf ein Sechstel ihrer Größe zusammenklappen läßt. Bei solchen Bühnen empfiehlt es sich, die Rahmen nicht mit Stoff zu bespannen, sondern einen „Bühnen-Überzug" aus einem Stück herzustellen, der sich mit wenigen Handgriffen über die Bühne stülpen läßt und hinter der Bühne mit Klett-Band am Holz des Rahmens befestigt wird.

Die *Guckkasten-Bühne* hat ein sogenanntes „Spielloch" und meist einen zweiteiligen Vorhang, der sich nach den Seiten oder nach den oberen Ecken hin öffnen und schließen läßt. Wenn das Spielloch nicht die ganze Bühnenbreite einnimmt, können die Puppen bequem von der Seite auftreten und müssen nicht auf- und abtauchen, die Treppe hinauf- oder hinabgehen oder aus dem Hintergrund herkommen. Nach hinten kann das Spielloch durch ein einfarbiges oder als Kulisse bemaltes Tuch an einer Stange über den Seitenflügeln begrenzt sein. Kulissen sind jedoch nicht erforderlich oder nur sparsam als Vorstellungshilfen zu verwenden. Hier wie auch bei den Requisiten stimmen die Proportionen nicht mit der Wirklichkeit überein. Häuser, Bäume, Autos, Schiffe usw. sind im Verhältnis zu den Puppen kleiner als in Wirklichkeit; Blumen, manche Tiere, Gießkannen, Kaffeemühlen, Werkzeuge, Eistüten u. a. hingegen sind größer.

Als Beleuchtung genügt manchmal das Tageslicht. Die einfache Schirmbühne kann durch zwei Boden-Stehlampen mit Strahlern oder starken Glühbirnen von vorne – seitlich angeleuchtet werden. Dabei ist darauf zu achten, daß keine störenden Schatten entstehen und daß die Lampen so abgedeckt und aufgestellt sind, daß sie den Zuschauern nicht die Sicht verdecken. Die Guckkasten-Bühne wird im allgemeinen von oben vorn beleuchtet.

Der Erfolg des Spieles hängt aber nicht von Bühne, Vorhang, Requisiten und Licht ab. Die „Hohnsteiner Puppenspiele" mit ihrem Gründer und Leiter Max Jacob sind in ihrer Anfangszeit mit ihren Puppen im Rucksack ohne Bühne gereist und richteten sich an jedem Spielort „behelfsmäßig" aus Decken und Tüchern ein" (F. Arndt, Das Handpuppenspiel, Kassel 1956, S. 96).

147

XII. Beispiele fächerübergreifender Unterrichtseinheiten für die Grundschule

Bei der Beschreibung des besonderen Erziehungs- und Bildungsauftrages der Grundschule werden Grundsätze für die Arbeit genannt, welche bei den verschiedenen Arten von Puppenspielen allein von der Sache her gar nicht zu verfehlen sind (siehe S. 110 ff).

In modifizierter Weise lassen sich diese Grundsätze auch auf die Arbeit im Kindergarten übertragen, ja sie sind zumeist durch die andersartigen Arbeitsbedingungen eine Selbstverständlichkeit.

Bei der Durchführung von Unterrichts- und Arbeitseinheiten bieten sich zwei Möglichkeiten an: Entweder werden die Puppen aus der freien Phantasie heraus gemacht, oder es werden durch Textvorgabe einige Figuren vorgegeben, welche im Spiel dann die entsprechenden Rollen übernehmen können.

Im ersten Fall können die Kinder dann je nach Figurentyp Dialoge oder sogar einfache Spielstücke erfinden, so daß die manchmal ganz zufällig entstandenen Typen Auslöser für bestimmte Rollen werden. Gerade für spontanes Spiel eignen sich die Figuren besonders. In der Unterrichtspraxis wird man häufiger den zweiten Weg gehen.

Das Thema „Handpuppenspiel in der Grundschule unter fächerübergreifendem Aspekt" wurde in veränderter Stufenfolge für eine 16stündige Unterrichtseinheit geplant und in einer 3. Klasse durchgeführt. Die folgende Grobplanung zum Unterrichtsverlauf verdeutlicht die Vielfalt der Arbeitsmöglichkeiten [132].

Inhalt	Allgemeine Bemerkungen

DEUTSCH

I Einführung
1 Stunde

– Gemeinsam die Stücke für die spätere Vorführung auswählen.	Die Schüler können aus verschiedenen Vorschlägen des Lehrers auswählen.

II Umarbeiten eines Erzähltextes in Dialogform
2 Stunden

– Dialogisieren der vorhandenen Texte.	Die Schüler schreiben in Partner- oder Gruppenarbeit die vorhandenen Texte um. Danach einigt man sich auf eine gemeinsame Fassung.

III Proben zur Vorführung der Stücke
2 Stunden

– Texte auswendig lernen. – Lesen mit verteilten Rollen. – Üben von Artikulation und Betonung. – Darbietung der Stücke in freiem Spiel.	Die Texte werden von den Schülern zu Hause auswendig gelernt. Nach der Darbietung vor den Mitschülern äußern sich die Schüler kritisch zu Spiel, Sprache und Figurenführung der Spieler.
	Es wurde beschlossen, die Stücke dem 1. und 2. Schuljahr sowie interessierten Eltern vorzuführen.

149

Inhalt	Allgemeine Bemerkungen

MUSIK

**Musikalische Untermalung der Kasperstücke
2 Stunden**

– Ein bekanntes Lied wird verwandelt und bekommt einen neuen Text, der sich auf das Kaspertheater bezieht.	Das Lied wird als Eingangslied für die Kasperstücke verwendet.
– Spannenden Momenten und Figuren werden entsprechende Instrumente zugeordnet.	Die Schüler ordnen den Figuren passende Instrumente zu und deuten mit Hilfe der Instrumente Höhepunkte des Stückes an.
– Improvisation mit den Instrumenten.	

BILDENDE KUNST – TEXTILES WERKEN

**I Einführung
1 Stunde**

Herstellung der Handpuppen Besprechung allgemeiner Vorbereitung: a) Arbeitsplatz herrichten. b) Arbeitsschritte an der Tafel festhalten:	Auch wenn während der Figurengestaltung noch einige Fragen auftauchen, so haben die Schüler doch die exakte Reihenfolge der Herstellung an der Tafel und können sich zunächst dort orientieren.

**II Herstellung der Rohform
1 Stunde**

– Fingerröhrchen herstellen. – Ball aus Zeitung knüllen, Fingerröhrchen in den Ball stecken. – Den Ball mit Klebeband umwickeln und das Fingerröhrchen festkleben.	Die einzelnen Phasen der Herstellung demonstriert der Lehrer an Modellen, die eine Rohform jeweils in einer Phase darstellen.

150

Inhalt	Allgemeine Bemerkungen

2 Stunden

– Makulaturmasse in dünner Schicht über den Kopf verteilen.	Der Lehrer rührt die Makulaturmasse selbst an, da sie nicht zu dünnflüssig werden darf.
– Mit zusätzlicher Masse werden die Gesichtsformen gestaltet.	Es darf nicht zuviel Masse genommen werden, da sie sonst abrutscht.
– Rohform zum Trocknen aufstellen.	Das Trocknen dauert ca. 2–3 Tage.

III Gestaltung der Rohform mit Farbe u. a. Material
2 Stunden

– Gesichter der Figuren mit Plakafarben anmalen.	Die Schüler verteilen das Material untereinander und überlegen,
– Die Figuren bekommen Haare, Bart u. ä. Die Materialien (Filz, Wolle, Fell etc.) werden angeklebt.	welches Material am besten zu welchem „Typ" paßt (z. B. Fell zum Räuber usw.).

IV Herstellung des Puppenkleides
1 Nachmittag (ca. 3 Stunden)

– Anhand einer Schablone wird der Stoff zugeschnitten.	Die Schablone wird vom Lehrer angefertigt, er hilft auch beim Nähen.
– Stoffteile zusammennähen (Hals- u. Armöffnung lassen).	Die Kinder wählen aus den vorhandenen Materialien etwas Geeignetes für nötige Applikationen aus:
– Kleidchen umdrehen, damit man die Naht nicht sieht.	z. B. bunte Stoffreste als Flicken oder Goldfolie für Sterne etc.
– Applikationen, wie z. B. Flikken, ankleben.	
– Puppenkleid am Hals befestigen.	

Nach der Fertigstellung der Puppe stellt jedes Kind seine Figur den anderen vor.

In einem anderen konkreten Beispiel[133] wurde als Textvorlage das Märchen „Der gestiefelte Kater" ausgewählt. Die leicht veränderte Vorgehensweise wird in der folgenden Skizze deutlich. Auch in diesem Fall wurde die Arbeit mit der Aufführung des Stückes für die Erst- und Zweitkläßler erfolgreich abgeschlossen.

Deutsch:
Kennenlernen des Märchens durch Erzählen
  Besprechung
Lesen des Textes
  Dramatisierung im Stegreifspiel

Technik/Bildhaftes Gestalten
Aufgabenverteilung
Herstellen der Köpfe aus Styroporkugeln
  Bemalen
  Bekleben – Bärte, Haare, Ohren, Nasen
Herstellen der Kleider
  Aufzeichnen
  Zuschneiden
  Zusammennähen
Zusammenfügen von Köpfen und Gewändern

Deutsch
Umarbeitung des Märchens in dramatische Form
Spielversuche mit Rollentausch
Beurteilung der Spielversuche durch die Kinder
Rollenverteilung für die endgültige Besetzung
Gemeinsames Üben unter der kritischen Aufsicht der ganzen Klasse

Anmerkungen

[1] Vgl. Höpfner, Gerd, Schattenspiele auf Java, Staatliche Museen, Preußischer Kulturbesitz Berlin, Museum für Völkerkunde Abteilung Ostasien, 11, Blatt 165.

[2] Vgl. Flögel, Karl Friedrich, Geschichte des Grotesk-Komischen, neu bearbeitet und erweitert von Dr. Friedrich W. Ebeling, Leipzig 1862, S. 15.

[3] Vgl. Böhmer, Günter, Puppentheater, München [2]1977. S. 7.

[4] Flögel, Karl Friedrich, a. a. O., S. 15 f.

[5] Vgl. Flögel, Karl Friedrich, a. a. O., S. 16–20.

[6] Vgl. Böhmer, Günter, a. a. O., S. 7.

[7] Vgl. Sindermann, Ingrid, Marionettentheater, in: Borger, Hugo (Hrsg.), Das Hänneschen läßt die Puppen tanzen, Kölner Geschichtsjournal 1, Köln 1976, S. 152.

[8] Flögel, Karl Friedrich, a. a. O., S. 205 f.

[9] Flögel, Karl Friedrich, a. a. O., S. 206.

[10] Vgl. Böhmer, Günter, a. a. O., S. 7.

[11] Vgl. Böhmer, Günter, a. a. O., S. 7.

[12] Fischer, H. L., Das Buch vom Aberglauben, 3. Th. Hannover 1794, zit. bei Rudin, Bärbel, Das fahrende Volk, in: Borger, Hugo, a. a. O., S. 2.

[13] Grimm, Jacob, Kleinere Schriften, Band 7, Berlin 1884, S. 594.

[14] Löwenhaupt, Friedrich, Puppenspiel und Schule. Vortrag, gehalten auf der Schlußversammlung des deutschen Bundes für Puppenspieler am 5. Juli 1931; in: Der Puppenspieler, Blätter für das gesamte Puppenspielwesen, 2, 1931, S. 182–184, zit. bei Asper, Helmut G., Puppenspiel in Deutschland im 19. und 20. Jahrhundert, in: Borger, Hugo, a. a. O., S. 22.

[15] Löwenhaupt, Friedrich, a. a. O., S. 22.

[16] Vgl. Asper, Helmut G., Puppenspiel in Deutschland im 19. und 20. Jahrhundert, in: Borger, Hugo, a. a. O., S. 24.

[17] Kuckelsberg, Ernst, Gerhards Marionetten. Wir bauen am Nationaltheater des Kindes. Reichspuppenbühne der NS-Kulturgemeinde, Berlin o. J., zit. bei Asper, Helmut G., a. a. O., S. 25.

[18] Raeck, Siegfried, Die kulturpolitische Aufgabe, in: Wille und Macht, Führerorgan der nationalsozialistischen Jugend, 6, 1938, zit. bei Asper, Helmut G., a. a. O., S. 24.

[19] Böhmer, Günter, a. a. O., S. 17.

[20] Böhmer, Günter, a. a. O., S. 17.

[21] Böhmer, Günter, a. a. O., S. 17.

[22] Böhmer, Günter, a. a. O., S. 24.

[23] Vgl. Böhmer, Günter, a. a. O., S. 29.

[24] Flögel, Karl Friedrich, a. a. O., S. 107.

[25] Böhmer, Günter, a. a. O., S. 107.

[26] Vgl. Böhmer, Günter, a. a. O., S. 29.

[27] Böhmer, Günter, a. a. O., S. 42.

[28] Böhmer, Günter, a. a. O., S. 42.

[29] Vgl. Schwering, Max Leo, Das Kölner „Hänneschen" – Geschichte und Deutung, in: Borger, Hugo, a. a. O., S. 35.

[30] Waldmann, Werner, Handpuppen, Stabfiguren, Marionetten, München 1986, S. 62.

[31] Pink-Wilpert, Clara, Schattentheater außereuropäischer Kulturen, in: Borger, Hugo, a. a. O., S. 9 a.

[32] Waldmann, Werner, a. a. O., S. 148.

[33] Zulliger, Hans, Heilende Kräfte im kindlichen Spiel, Stuttgart 1952, S. 89 f.

[34] Aeppli, Ernst, Der Traum und seine Deutung, Erlenbach – Zürich ²1943, S. 33.

[35] Freud, Sigmund, Jenseits des Lustprinzips, Ges. Werke XIII, London 1969, S. 36.

[36] Aeppli, Ernst, a. a. O., S. 34.

[37] Zit. bei Aeppli, Ernst, a. a. O., S. 43.

[38] Vgl. Aeppli, Ernst, a. a. O., S. 42 f.

[39] Flögel, Karl Friedrich, a. a. O., S. 80.

[40] Flögel, Karl Friedrich, a. a. O., S. 187.

[41] Flögel, Karl Friedrich, a. a. O., S. 34.

[42] In etwas anderem, aber auch heute noch gebräuchlichen Sinn verwendet Luther das Wort „Hanswurst": „... die groben Tölpel, so klug sein wollen, doch ungereimt und ungeschickt zur Sache reden und tun." Vgl. Flögel, Karl Friedrich, a. a. O., S. 186.

[43] Flögel, Karl Friedrich, a. a. O., S. 200.

[44] Böhmer, Günter, a. a. O., S. 18.

[45] Radin, Paul, im Vorwort zu: Jung, Carl Gustav, Kerényi, Karl, Radin, Paul, Der göttliche Schelm, Zürich 1954, S. 7.

[46] Radin, Paul, a. a. O., S. 7.

[47] Vgl. Weber, Gottfried, Wolfram von Eschenbach, Parzival, Darmstadt 1963, S. 998.

[48] Collodi, Carlo, Le avventure di Pinocchio, 1880. Eine inzwischen klassische deutsche Fassung erschien im Verlag Herder unter dem Titel: Die Geschichte vom hölzernen Bengele (101. Auflage 1988).

[49] Radin, Paul, a. a. O., S. 8.

[50] Sandkühler, Konrad, Chrestien de Troyes, Perceval, Stuttgart ²1957.

[51] Jung, Carl Gustav, Zur Psychologie der Schelmenfigur, in: Jung, Carl Gustav, Kerényi, Karl, Radin, Paul, a. a. O., S. 196.

[52] Jung, Carl Gustav, a. a. O., S. 204.

[53] Röhrich, Lutz, Sage und Märchen, Freiburg 1976, S. 253.

[54] Röhrich, Lutz, a. a. O., S. 254.

[55] Röhrich, Lutz, a. a. O., S. 262 f.

[56] Flögel, Karl Friedrich, a. a. O., S. 210.

[57] Wagner, Richard, Parsifal, 3. Akt, 1882.

[58] Röhrich, Lutz, a. a. O., S. 264.

[59] Vgl. Aeppli, Ernst, a. a. O., S. 205.

[60] Jung, Carl Gustav, zit. bei Aeppli, Ernst, a. a. O., S. 205.

[61] Andersen, Hans Christian, Der Reisekamerad, 1835. Es handelt sich hier um ein dänisches Volksmärchen, das von Andersen frei wiedererzählt wird.

[62] Preußler, Otfried, Die kleine Hexe, Stuttgart 1957.

[63] Böhmer, Günter, a. a. O., S. 17.

[64] Aeppli, Ernst, a. a. O., S. 221.

[65] Freud, Sigmund, Die Traumdeutung, Ges. Werke II/III, London ⁴1968.

[66] Freud, Sigmund, Vorlesungen zur Einführung in die Psychoanalyse, Ges. Werke XI, London ⁵1969.

[67] Doyle, Sir Arthur Conan (1859–1939), Verfasser von Detektivgeschichten und -romanen mit den Hauptfiguren Sherlock Holmes und Dr. Watson. Weniger bekannt sind Doyles historische Romane.

[68] May, Karl (1842–1912), Verfasser von Reiseerzählungen, Abenteuererzählungen für die Jugend und symbolisch-psychologischen Dichtungen im Spätwerk.

[69] Brem-Gräser, Luitgard, Familie in Tieren, München – Basel ²1970, S. 16.

[70] Aeppli, Ernst, a. a. O., S. 390.

[71] Aeppli, Ernst, a. a. O., S. 391.

[72] Vgl. Brem-Gräser, Luitgard, a. a. O., S. 40.

[73] Aeppli, Ernst, a. a. O., S. 371.

[74] Brem-Gräser, Luitgard, a. a. O., S. 45 f.

[75] Vgl. Krüger, A. M., Über das Verhältnis des Kindes zum Tier, Ztschr. f. ang. Psychologie, Band 47, 1934, zit. bei Brem-Gräser, Luitgard, a. a. O., S. 19 f.

[76] Zillig, Maria, Mädchen und Tier, Heidelberg 1961, S. 169.

[77] Freud, Sigmund, Jenseits des Lustprinzips, Ges. Werke XIII, London ⁶1969, S. 15.

[78] Ellwanger, Wolfram, Grömminger, Arnold, Märchen – Erziehungshilfe oder Gefahr?, Freiburg 1977, S. 56.

[79] Goethe, Johann Wolfgang, Schriften zur Kunst, Artemis Gedenkausgabe, Band 13, Zürich, Stuttgart ²1965, S. 868.

[80] Zulliger, Hans, Kind und Feuer, Bern 1961, zit. in: Kasser, Werner u. a., Hans Zulliger, Eine Biographie und Würdigungen seines Wirkens, Bern, Stuttgart 1963, S. 47.

[81] Schenk-Danzinger, Lotte, Entwicklungspsychologie, Wien ⁴1971, S. 83.

[82] Claparède, Edouard, Psychologie de l'enfant, Genève 1922, S. 451: „freie Verfolgung fiktiver Ziele".

[83] Freud, Sigmund, Jenseits des Lustprinzips, a. a. O., S. 14 f.

[84] Schenk-Danzinger, L., a. a. O., S. 85.

[85] Claparède, Edouard, a. a. O., zit. bei Guyer, Walter, Wie wir lernen, Erlenbach – Zürich, Stuttgart ⁵1967, S. 93. Warum flüchtet sich das Ich in die Fiktion? Weil die realen Gegebenheiten nicht so beschaffen sind, daß sie die tiefen unbewußten Strebungen befriedigen können. Das Spiel dient dem Individuum zur Verwirklichung seines Ich und zur Entfaltung seiner Persönlichkeit.

[86] Freud, Sigmund, Der Dichter und das Phantasieren, Ges. Werke VII, London ⁴1966, S. 216.

[87] Ellwanger, Wolfram, Grömminger, Arnold, a. a. O., S. 32.

[88] Werner Heinz, Einführung in die Entwicklungspsychologie, München [3]1953, S. 305.

[89] Zulliger, Hans, Heilende Kräfte im kindlichen Spiel, a. a. O., S. 75 f.

[90] Erikson, Erik H., Kindheit und Gesellschaft, Zürich, Stuttgart 1971, 4. Aufl. S. 85, zit. bei Schmidtchen, Stefan, Erb, Anneliese, Analyse des Kinderspiels, Köln 1976, S. 81.

[91] Peller, Lili, Modelle des Kinderspiels, in: Flitner, Andreas (Hrsg.), Das Kinderspiel, München 1973, S. 62–75, zit. bei Schmidtchen, Stefan, Erb, Anneliese, a. a. O., S. 81–83.

[92] Schmidtchen, Stefan, Erb, Anneliese, Analyse des Kinderspiels, Köln 1976, S. 83.

[93] Freud; Sigmund, Der Dichter und das Phantasieren, a. a. O., S. 214.

[94] Spencer-Pulaski, Mary Ann, Toys and imaginative play, in: Singer, J. L. (Hrsg.) The child's world of make-believe, New York, London 1973, S. 74–103, zit. bei Schmidtchen, Stefan, Erb, Anneliese, a. a. O., S. 94 f.

[95] Schmidtchen, Stefan, Erb, Anneliese, a. a. O., S. 95.

[96] Biblow, E., Imaginative play and the control of aggressive behavior, in: Singer, J. L., a. a. O., S. 104–128, zit. bei Schmidtchen, Stefan, Erb, Anneliese, a. a. O., S. 95 ff.

[97] Schmidtchen, Stefan, Erb, Anneliese, a. a. O., S. 97.

[98] Vgl. Rambert, Madeleine, Das Puppenspiel in der Kinderpsychotherapie, München, Basel 1969, S. 41–48.

[99] Rambert, Madeleine, a. a. O., S. 42.

[100] Rambert, Madeleine, a. a. O., S. 44.

[101] Rambert, Madeleine, a. a. O., S. 44.

[102] Rambert, Madeleine, a. a. O., S. 44.

[103] Böttcher, Heidi, Symbolik und pädagogische Bedeutung des Handpuppenspiels, unveröffentlichtes Manuskript, Karlsruhe, 1978.

[104] Kemper, Werner, Der Traum und seine Be-Deutung, Hamburg 1955.

[105] Die Falldarstellung stammt aus der erziehungspsychologischen Praxis des Verfassers. Aufgezeichnet in: Kehrberg, Gesine, Die Bedeutung des Spieles in der Heilerziehung, unveröffentlichtes Manuskript, Gengenbach 1963.

[106] Shakespeare, William, König Heinrich V., 4. Akt, Prolog, in: Schücking, L. L. (Hrsg.), Shakespeares Werke, Fünfter Band, übers. von Schlegel-Tieck, S. 229 und S. 210.
... Doch sitzt und seht,
das Wahre denkend, wo sein Scheinbild steht.
... Bleibt geneigt!
Eu'r Sinn ergänze, was die Bühne zeigt.

[107] Diesen Terminus verwendet Horst Schiffler; Der Handpuppendialog – ein Hilfsmittel zum Erkennen und Überwinden von Sozialisationsschwierigkeiten am Schulanfang. In: Die Grundschule H. 5, 1978.

[108] Schiffler, H., a. a. O.

[109] Schiffler, a. a. O.

[110] Schiffler, a. a. O.

[111] Bildungsplan für die Grundschulen. In: Kultus und Unterricht. Amtsblatt des Kultusministeriums Baden-Württemberg, Lehrplanheft 5/1984, S. 13.

[112] Rolf Geißler, Das Drama im Unterricht. In: Erich Wolfrum, Taschenbuch als Deutschunterricht, Esslingen 1972, S. 371.

[113] Gottfried Kleinschmidt / Waltraud Köbele (Hg.), Darstellendes Spiel in der Grundschule-Dokumentation, Landesstelle für Erziehung und Unterricht, Stuttgart 1978, S. 1.

[114] Hermann Hehmers, Didaktik der deutschen Sprache, Stuttgart [7]1972, S. 330.

[115] Max Frisch, Tagebuch 1946–1949, Frankfurt a. M. 1959, S. 147.

[116] 43 = Anmerkung im Zitat: Vgl. auch Kultus und Unterricht, S. 352.

[117] Heller, Hans, Pädagogisch-didaktische Aspekte des Puppenspiels. In: Kontakt 4 Stuttgart 1975, S. 106.

[118] Das Konzept wurde von Michael Hoch, Barbara Kanzler u. Doris Schadt verfaßt. Sie stellten auch selbst die Puppen her und führten die Versuche in 2 ersten Klassen durch.

[119] Heller, a. a. O. S. 108.

[120] Heller, a. a. O. S. 108.

[121] Vgl. Heller, a. a. O. S. 108.

[122] „Sprachliche Förderung vollzieht sich in allen Fächern der Grundschule." Bildungsplan a. a. O. S. 98.

[123] Interessant ist die Beobachtung, daß bei öffentlichen Aufführungen die Zahl der Zuschauer im Alter von 10–14 Jahren erstaunlich groß war.

[124] Ellen Rieger, Sprachbildender Unterricht im 1. Schuljahr. Sprachbildung durch Handpuppenspiel. Schriftliche Arbeit zur zweiten Lehramtsprüfung für das Lehramt an Grund- und Hauptschulen, 1978.

[125] Heller, a. a. O., S. 95.

[126] Besonders geeignet und bei Kindern auch beliebt sind Szenen aus „Der Räuber Hotzenplotz". In dieser märchenhaften Geschichte begegnen wir ja fast dem ganzen Arsenal der Figuren aus dem traditionellen Puppenspiel.

[127] Helmich, Wilhelm, Die erzählende Volks- und Kunstdichtung in der Schule. In: Beinlich, Alexander (Hrsg.), Handbuch des Deutschunterrichts, Emsdetten [5]1970, S. 1190.

[128] Cornelia Reuter, Puppenspiel und Stegreifspiel im 3. Schuljahr. Schriftliche Arbeit zur zweiten Prüfung für das Lehramt an Grund- und Hauptschulen. 1978.

[129] Helmers, a. a. O., S. 331.

[130] Ellwanger/Grömminger, a. a. O., S. 77 ff.

[131] Baumann, Hans, Kasperle hat viele Freunde, Ravensburger Taschenbücher 190. Denneborg/Gut, Kinder laßt uns Kasperle spielen, Ravensburger Taschenbücher 15. H. M. Denneborg, Das große Kasperle Buch, München 1975.

[132] Renz, Mechthild, Handpuppenspiel in der Grundschule unter fächerübergreifendem Aspekt. Wiss. Hausarbeit, PH Freiburg, Herbst 1985.

[133] Entworfen und durchgeführt von L. Mehltreter, Freiburg.

157

Literatur

Aeppli, Ernst: Der Traum und seine Deutung, Erlenbach – Zürich ²1943.

Amtmann, Paul (Hrsg.): Puppen – Schatten – Masken, ein Handbuch für Volksschulen, Realschulen und Gymnasien, München 1966.

Andersen, Benny E.: Das Puppenspielbuch; Bühne, Ton, Beleuchtung, Spiel – und viele neuen Puppen, Ravensburg 1975.

Balmer, Ueli: Freude am Puppenspiel. Ein Werk- und Spielbuch für das Figurentheater. Stuttgart 1979.

Beisl, Horst, u. a.: Puppen-Bau und Spiel im Kindergarten, Donauwörth 1981.

Boehn, Max von: Puppen und Puppenspiele, München 1929.

Borde-Klein, Inge: Puppenspiel, Berlin ⁴1974.

Böhmer, Günter: Puppentheater, München ²1977.

Borger, Hugo (Hrsg.): Das Hänneschen läßt die Puppen tanzen, Kölner Geschichtsjournal 1, Köln 1976.

Brem-Gräser, Luitgard: Familie in Tieren, München, Basel ²1970.

Ellwanger, Wolfram, Grömminger, Arnold: Märchen – Erziehungshilfe oder Gefahr, Freiburg 1976.

Flitner, Andreas (Hrsg.): Das Kinderspiel, München 1973.

Flögel, Karl Friedrich: Geschichte des Grotesk-Komischen, neu bearb. u. erw. von Dr. Friedrich W. Ebeling, Leipzig 1862.

Freud, Sigmund: Die Traumdeutung, Ges. Werke II/III, London ⁴1968.

Freud, Sigmund: Der Dichter und das Phantasieren, Ges. Werke VII, London ⁴1966.

Freud, Sigmund: Jenseits des Lustprinzips, Ges. Werke XIII, London ⁶1969.

Goethe, Johann Wolfgang: Schriften zur Kunst, Artemis Gedenkausgabe, Band 13, Zürich – Stuttgart ²1965.

Grimm, Jacob: Kleinere Schriften, Band 7, Berlin 1884.

Guyer, Walter: Wie wir lernen, Erlenbach – Zürich, Stuttgart ⁵1967.

Heller, Hans: Pädagogisch-didaktische Aspekte des Puppenspiels. In: Kontakt 4, Materialien zur Lehrerbildung und Lehrerfortbildung, Stuttgart 1975.

Höpfner, Gerd: Schattenspiele auf Java, Staatl. Museen, Preuß. Kulturbesitz Berlin, Museum für Völkerkunde Abt. Ostasien, 11, Blatt 165.

Jackson, Sheila: Marionetten, Kasperlfiguren, Theatergruppen; Alte Kunst – neues Hobby, Stuttgart 1975.

Jung, Carl Gustav, Kerényi, Karl, Radin, Paul: Der göttliche Schelm, Zürich 1954.

Kampmann, Lothar: Puppe, Bühne, Spiel, Ravensburg 1969.

Kasser, Werner u. a.: Hans Zulliger, Eine Biographie und Würdigungen seines Wirkens, Bern – Stuttgart 1963.

Kemper, Werner: Der Traum und seine Be-Deutung, Hamburg 1955.

Kühnemann, Ursula: Lauter liebe Puppen, Stuttgart-Botnang 1973.
Muenk, Irmgard: Puppen für das Puppenspiel, Basteln mit Kindern, Ravensburg 1973.
Neuschütz, Karin: Das Puppenbuch. Wie man Puppen selber macht und was sie für Kinder bedeuten, Stuttgart 1982.
Neuschütz, Karin: Gib den Puppen Leben! Vom Wollknäuel zum Marionettentheater, Stuttgart 1985.
Rambert, Madeleine: Das Puppenspiel in der Kinderpsychotherapie, München, Basel 1969.
Rath, Erna: Stoffpuppen, Clowns und Kasperle, Freiburg 1973.
Reinhardt, Friedrich: Menschen- und Figurenschatten-Spiele, München 1986.
Reinhardt, Günther: Handpuppen selber machen. München 1981.
Röhrich, Lutz: Sage und Märchen, Freiburg 1976.
Sandkühler, Konrad: Chrestien de Troyes, Perceval, Stuttgart 1957.
Schedler, Melchior: Schlachtet die blauen Elefanten, Weinheim 1973.
Schenk-Danzinger, Lotte: Entwicklungspsychologie, Wien [4]1971.
Schlamp, Reiner: Rot und Blau ist dem Kasperl sei Frau. Figurentheater in Schule und Freizeit, München 1981.
Schmidtchen, Stefan, Erb, Anneliese: Analyse des Kinderspiels, Köln 1976.
Schön, Werner: Praxishilfe: Puppen und Masken. Kreatives Spiel in der Jugendarbeit, Gütersloh 1979.
Steinmann, P. K.: Figurenspiel, Reflexionen über ein Medium, Literarisches Figurentheater, Berlin o.J.
Till, Wolfgang: Puppentheater. Bilder Figuren Dokumente, München 1986.
Waldmann, Werner: Handpuppen – Stabfiguren – Marionetten. Gestalten – bauen – spielen, München 1986.
Weber, Gottfried: Wolfram von Eschenbach, Parzival, Darmstadt 1963.
Werner, Heinz: Einführung in die Entwicklungspsychologie, München [3]1953.
Zillig, Maria: Mädchen und Tier, Heidelberg 1961.
Zimmermann, Erika: Wir spielen Puppentheater, Erprobte Texte und lustige Einfälle zum Lesen, Spielen und Selbermachen, Freiburg 1976.
Zulliger, Hans: Heilende Kräfte im kindlichen Spiel, Stuttgart 1952.